ESSAI

SUR LA VIE ET LES OUVRAGES

DE

GABRIEL PEIGNOT

ACCOMPAGNÉ DE

PIÈCES DE VERS INÉDITES

Tiré à 350 exemplaires :

285 sur papier mécanique.

50 sur papier vergé.

15 sur papier de couleur.

DIJON, IMPRIMERIE J.-E. RABUTÓE.

ESSAI

SUR LA VIE ET LES OUVRAGES

DE

GABRIEL PEIGNOT

ACCOMPAGNÉ DE

PIÈCES DE VERS INÉDITES

PAR J. SIMONNET

Correspondant du ministère de l'Instruction publique, membre de l'Académie de Dijon
et de la Commission des Antiquités du département de la Côte-d'Or.

A L'AVENTURE
AUGUSTE AUBRY

PARIS

AUGUSTE AUBRY, LIBRAIRE

rue Dauphine, 16.

—

1863

PRÉFACE

Facete, comis, animo juvenili senex,
Cui felle nullo, melle multo mens madens,
Ævum per omne nil amarum miscuit.

(AUSONE, *Profess.*. XIV.)

L'histoire des gens de lettres, pendant le siècle
dernier, n'est trop souvent que le récit peu édifiant de luttes acharnées et de querelles person-
nelles qui rendent assez épineuse la tâche des
biographes. A ce triste spectacle, notre époque
ajoute celui de convoitises insatiables qu'une popularité quelquefois méritée ne suffit pas à satisfaire.

La carrière modeste d'un savant de province,
qui n'a connu aucun de ces travers, forme un

heureux contraste avec ces existences bruyantes qui fatiguent les contemporains et qui laisseront indifférent le lecteur du lendemain. M. Gabriel Peignot a cultivé les lettres moins pour la réputation que ses écrits lui ont procurée, que pour les jouissances désintéressées qu'il n'a cessé de leur demander pendant une vie de plus de quatre-vingts ans. Son goût pour les livres n'avait d'égal que son dévoûment à sa famille et à ses nombreux amis. Il n'a certainement pas passé un seul jour sans lire ou sans acheter des livres, sans travailler à ses ouvrages et sans jeter sur le papier quelques lignes inspirées par le sentiment du bonheur domestique dont il jouissait avec recueillement, si l'on peut ainsi parler.

Ses moindres opuscules ont le mérite, trop rare, de faire aimer leur auteur : G. Peignot écrivait sans affectation, avec abandon; il cause plutôt qu'il ne raconte ou qu'il ne disserte. Il a, peut-être trop souvent, cherché à égayer les sujets dont il parle; mais le ton familier, le tour piquant qu'il donne à ses causeries ne manquent pas d'une certaine grâce et délassent le lecteur.

Aussi, depuis quelques années, les amateurs recherchent-ils avec un empressement extraordinaire les moindres essais échappés à sa plume. Nous nons proposons de raconter sa vie et d'analyser ses écrits, de manière à donner, en quelque sorte, une table générale de toutes les matières qu'il a traitées. Nous réussirons peut-être à plaire aux bibliophiles, en leur faisant connaître un excellent homme, dont les biographies publiées jusqu'à ce jour sont trop incomplètes, et en passant en revue des livres qu'ils aiment et dont ils n'ont sans doute pas pu réunir la collection complète.

Nous avons pris pour guide, dans la biographie, les renseignements que M. Em. Peignot, petit-fils du savant Dijonnais, a bien voulu nous communiquer en même temps que plusieurs pièces inédites. Nous avons eu sous les yeux les carnets où G. Peignot écrivait, jour par jour (de 1824 à 1843), les moindres incidents de sa vie habituelle, et plusieurs notes où il avait consigné les dates des nominations aux diverses fonctions qu'il a occupées.

Nous avons consulté aussi la biographie écrite en 1849 par M. P. Guillemot, membre de l'Académie de Dijon. Les faits essentiels s'y trouvent : le caractère du savant et de ses ouvrages y est apprécié avec justesse; mais l'auteur a été induit en erreur sur plusieurs dates que nous avons rectifiées. Enfin, la correspondance de G. Peignot avec son ami Baulmont renferme de nombreux renseignements sur sa vie, ses habitudes et ses ouvrages : c'est là surtout que se révèle son caractère plein d'aménité, son esprit bienveillant, inépuisable, fécond en saillies sur le chapitre de l'amitié et sur celui des livres.

Il n'est pas inutile d'indiquer ici les divers ouvrages biographiques et bibliographiques qui traitent de la vie et des ouvrages de notre auteur.

La *Biographie nouvelle des Contemporains*, par MM. Arnault, Jay, Jouy et Norvins (1820-1825), a donné la date de sa naissance, l'indication des fonctions qu'il a exercées, et des principaux ouvrages alors publiés (t. XVI).

Des détails plus complets et très exacts, sous le rapport bibliographique, se trouvent dans la *Biographie universelle et portative des Contemporains*, publiée sous la direction de MM. Rabbe, Vieilh de Boisjolin et Sainte-Beuve (1834).

M. Quérard, dans la *France littéraire* (1835), n'a rien omis de ce qui pouvait intéresser le bibliophile, et son exactitude impitoyable n'a rien laissé dans l'ombre. « Mon ami Jolyet, écrivait G. Peignot, s'est empressé de m'apporter le 7e volume de Quérard (la *France littéraire*), où est mon article en onze grandes pages (caractère perle). Il y aurait de quoi faire un volume assez fort en cicéro. Dites-moi un peu, je vous prie, quelle est l'âme charitable de Vesoul qui aura donné à ce M. Quérard des renseignements sur le moindre bout de papier que j'aurai jadis bar- bouillé d'encre? Il n'a pas passé la moindre ba- biole. Je m'attendais à être assez maltraité par lui, car je n'ai pas répondu aux lettres dans les- quelles il me priait de coopérer à son grand tra- vail; mais il a été infiniment moins malveillant que je m'y attendais. Le seul reproche que j'ai à lui faire, c'est qu'il épuise tous les moyens pos- sible de dialectique pour prouver que je suis au- teur d'ouvrages que j'ai toujours désavoués » (1).

La date véritable de la naissance se trouve pa- reillement dans la *Biographie des hommes vivants,* par une société de gens de lettres (1816-1818).

Il en est de même de la *Statistique des gens de lettres et des savants,* où l'article PEIGNOT (dépar- tement de la Côte-d'Or), quoique fort court, pré- sente un résumé exact.

Un article nécrologique, publié dans le nu- méro du *Spectateur de Dijon,* du 2 septembre 1849, a donné en général des dates exactes; aussi est-il difficile de s'expliquer que, dans les notices suivantes, elles aient été indiquées d'une manière aussi irrégulière (2).

---

(1) Lettre à Baulmont du 13 janvier 1836.

(2) Nous avons omis, dans notre Notice, de donner les dates de ses grades universitaires : son diplôme de licencié ès-lettres est du

La *Notice sur la Vie et les Ouvrages de Gabriel Peignot*, par P. Guillemot, a paru dans les *Mémoires de l'Académie de Dijon*, de l'année 1850, p. 97, et a été tirée à part.

Elle a été reproduite dans la *Haute-Marne, Revue champenoise* (Chaumont, 1856), p. 322.

M. P. D., auteur de la *Notice biographique et bibliographique sur G. Peignot* (Paris, Techener), a emprunté à ces deux notices la date inexacte de la naissance de notre auteur, qui s'y trouve fixée au 13 mai 1765.

MM. Muteau et Garnier, auteurs de la *Galerie bourguignonne*, où ils ont donné une excellente bibliographie des ouvrages de G. Peignot, le font naître le 15 mai 1762; ils ont été suivis par M. H. Bonhomme dans le *Bulletin du Bibliophile* (janvier-février 1863, p. 82).

M. Jolibois a publié une courte biographie dans la *Haute-Marne ancienne et moderne* (Chaumont, Cavaniol, 1858). Il donne la date du 13 mai 1766.

La très courte notice placée en tête du catalogue publié par M. Techener, en 1852, indique la

---

17 décembre 1811; celui de docteur du 6 février 1817, et celui de bachelier ès-sciences du 6 février 1818. Il fut nommé ensuite officier de l'université le 29 décembre 1820.

date véritable du 15 mai 1767, mais celle de la mort y est fixée au 14 avril, au lieu du 14 août 1849.

Nous ne devons pas omettre non plus les articles biographiques insérés dans la nouvelle édition de la *Biographie universelle* de Michaud, par M. G. Brunet ; dans la *Nouvelle biographie générale* de MM. F. Didot, et, enfin, dans le *Dictionnaire général de biographie et d'histoire* de MM. Dezobry et Th. Bachelet.

Pour la bibliographie, indépendamment des ouvrages que nous avons cités, on consultera avec fruit l'article du *Manuel du libraire* de M. J.-C. Brunet, la *Notice* publiée en 1830 par M. Peignot lui-même, et surtout le *Catalogue, par ordre alphabétique, des ouvrages imprimés de G. Peignot,* par M. P. M. (Paris et Dijon, 1861). M. Milsand, auteur de ce travail consciencieux, n'a rien négligé pour compléter ses devanciers ; il a donné et décrit 152 articles. Et depuis, dans un supplément qui vient de paraître, il a décrit 23 nouveaux opuscules qui ne figuraient pas dans sa première publication.

Dans l'analyse que nous avons donnée des ouvrages de G. Peignot, nous les avons classés par ordre de matières ; puis, dans une première table, nous avons donné la date de chaque publication avec les prix ; enfin , une table alphabétique , où les ouvrages *imprimés* et *manuscrits* sont mention. nés et classés, renvoie aux pages de notre notice, où chaque sujet a été analysé au moins sommairement.

G. PEIGNOT

SA VIE ET SES OUVRAGES

PREMIÈRE PARTIE

Vie de Gabriel Peignot.

I

Sa famille. — Sa jeunesse. — Son goût pour la poésie. — Il entre au régiment de Bourbon. — Il fait son droit. — Il s'enrôle dans la garde constitutionnelle du roi (1767-1792).

Etienne-Gabriel Peignot est né à Arc-en-Barrois, le 15 mai 1767 (1). Il appartenait à une excellente famille bourgeoise de Vesoul, sur laquelle nous n'avons que peu de renseignements. Son père, Claude-

---

(1) Il est singulier que la date de la naissance de M. Peignot ait été rapportée d'une manière aussi diverse par ses biographes. L'article publié dans le *Spectateur de Dijon* du 2 septembre 1849, donnait la véritable. Cependant, M. Guillemot, dans sa Notice, indique la date du 13 mai 1765. Cette Notice a été reproduite dans la *Haute-Marne, Revue champenoise*, publiée à Chaumont. M. D..... a adopté la même date. MM. Muteau et Garnier, auteurs de la

Pierre Peignot, né dans cette ville le 9 avril 1738, avait épousé, le 2 juillet 1765, Mlle Agathe Lasné, née à Rosny, dont la famille était originaire du Mans. L'aïeule maternelle de Gabriel Peignot était noble et s'appelait de Pomponne; ses arrière petits-enfants conservent les lettres qu'elle adressait à son fils. Cette correspondance, dans laquelle elle s'exprimait dans les termes les plus délicats, témoigne d'une culture intellectuelle assez développée. Les dons de l'esprit ne sont pas toujours héréditaires, mais du moins, il arrive souvent que certains goûts élevés, certaines vertus domestiques se transmettent de génération en génération comme un patrimoine de famille. Gabriel Peignot n'était pas moins distingué par son caractère, son désintéressement et la bonté de son cœur, que par ses goûts littéraires. Il doit peut-être cette heureuse alliance des qualités intellectuelles et morales à son aimable aïeule.

Son père était avocat au Parlement de Dijon, et vint s'établir dans la petite ville d'Arc-en-Barrois (aujourd'hui chef-lieu de canton de l'arrondissement de Chaumont). « Par une de ces singularités qui

---

Galerie bourguignonne, font remonter sa naissance au 15 mai 1762, et ils ont été suivis par M. H. Bonhomme, qui vient de publier quelques lettres à Amanton, dans le numéro de janvier-février du *Bulletin du Bibliophile*. M. Jolibois, auteur de *La Haute-Marne ancienne et moderne*, donne la date du 13 mai 1766. Les notes conservées dans la famille, écrites de la main même de Gab. Peignot, ne peuvent laisser aucun doute sur ce point.

sont nombreuses dans la géographie des temps féo-
daux, Arc, qui était une enclave de la Champagne..., se trouvait placé sous la suzeraineté du duc
de Bourgogne (1). » La seigneurie d'Arc (érigée
depuis en marquisat) avait été réunie à la fin du
XIVe siècle à celle de Châteauvillain. Ces deux fiefs
faisaient partie de l'apanage du duc de Penthièvre,
qui les avait recueillis dans la succession de son
père, le comte de Toulouse. Pierre Peignot exerça
successivement les fonctions de bailli des justices
de Dinteville et de Juvancourt (1769), de lieutenant
au bailliage d'Arc (1774), de bailli de la seigneurie
de Créancey (1777), de prévôt-juge de celle de Ter-
nat, seigneuries qui faisaient partie de celle d'Arc-
en-Barrois; il fut en dernier lieu notaire ducal, dans
cette dernière résidence (1789).

Le duc de Penthièvre visitait souvent cette terre
où il jouissait d'une popularité méritée, qu'il conserva pendant les premiers mois de la Révolution (2).
On comprend que ce prince, dont la bienfaisance
était proverbiale, devait honorer d'une distinction
toute particulière une famille dont le chef rendait
la justice en son nom dans ses domaines. On peut

---

(1) Jolibois, *La Haute-Marne,* au mot Arc-en-Barrois.
(2) Le prince de Conti vint lui demander asile, à Châteauvillain,
à la fin de l'année 1789. « Il n'y a plus que vous, disait-il au duc
de Penthièvre, qui puissiez être assuré de l'affection des Français :
il n'y a plus que votre belle âme qui puisse se promettre quelque
calme, au milieu de l'agitation universelle. » (*Biographie universelle* de Michaud.)

uger, par un court passage extrait du recueil des *Testaments remarquables*, des habitudes hospitalières du château et de la bonté avec laquelle étaient traités tous ceux qui y étaient admis. « Je me rappelle moi-même, dit Gabriel Peignot, que, peu avant la Révolution, lorsque S. A. S. le vertueux duc de Penthièvre venait tous les ans passer un ou deux mois dans son duché de Châteauvillain, j'ai vu, parmi les gens de sa suite, une folle qui m'a paru jouir des prérogatives attachées aux anciens fous en titre d'office. Elle entrait sans façon, à toute heure, dans l'appartement du prince, et parlait en toute liberté aux seigneurs qui faisaient la cour à S. A. (1). »

Le duc témoignait au fils de son bailli un intérêt semblable à celui que lui avait inspiré Florian, avec lequel son jeune protégé avait alors plus d'un trait de ressemblance.

Gabriel Peignot suivit son père dans les différentes résidences où il remplissait ses fonctions, à Créancey, au château de Dinteville. Il fit ses premières classes à Chaumont, ses humanités à Vesoul et sa philosophie au collége de Langres en 1782. Il avait terminé ses études à 16 ou 17 ans, et il revint à Arc où, pendant un an environ, il se livra, sans doute assez mollement, à l'étude du droit sous la direction de son père. Pendant deux ans, il travailla chez un praticien à Châtillon-sur-Seine et

---

(1) Ouvrage cité, t. I, p. 135.

passa ensuite quelques mois à Dijon, à la fin de l'année 1785. Dans ce siècle si frivole, à moins d'avoir
une vocation bien prononcée pour la jurisprudence,
les jeunes gens pourvus d'une certaine dose d'imagination professaient un véritable dédain pour ce
qu'ils appelaient la chicane, ou le dédale obscur
des lois. Il faisait des vers, il écrivait avec facilité
des couplets galants, des bouquets à Chloris, comme on les aimait alors. La plus ancienne pièce qui
figure dans le recueil des *Bagatelles poétiques*, re-
monte à l'année 1783 (il avait alors 16 ans).

BOUQUET.

C'est demain, je l'ai lu dans l'étrenne mignonne,
Qu'on célèbre ta fête ; il faut donc me hâter
D'aller cueillir des fleurs dignes de ta patronne.
Quelles fleurs, en hiver, puis-je te présenter ?
Je n'ai que ces deux-ci : mon cœur et ma personne ;
Si ce bouquet te plaît, consens à le porter.

Il s'était fait, dès cette époque, une certaine réputation poétique parmi ses amis ; nous en trouvons
la preuve dans une épître, inédite sans doute, que
l'on nous pardonnera de reproduire ici tout entière. Elle témoigne des talents et des goûts littéraires de notre jeune auteur et nous apprend que
la petite ville d'Arc, grâce au séjour du duc de
Penthièvre, était le centre d'une société aimable et
polie.

ÉPITRE A G. PEIGNOT

De l'hôpital du Parnasse, le 1er des
calendes d'août 1785.

Très cher et très digne confrère,
Enfant gâté des doctes sœurs,
Qui, du Parnasse et de Cythère
Goûtez tour à tour les faveurs,
J'ai reçu la charmante épître
Par laquelle à votre chapitre
Vous m'assignez à comparoir.
Quoique j'en aie le vouloir,
Un cas, dont je vous fais l'arbitre,
Vient de m'en ôter le pouvoir.
L'autre jour, nouveau Don Quichotte,
Monté sur l'agile coursier
Qui galope plus qu'il ne trotte,
Jeune et trop novice écuyer,
Il me fit quitter l'étrier
 Et tomber dans la crotte;
Puis, me laissant dans le bourbier,
Cet incivil enfant d'Eole
Se rit de mes cris et s'envole
Droit vers les climats enchantés
Que maintenant vous habitez,
Où, sans craindre aucune incartade,
Ni galop, ni trot, ni ruade,
Avec succès vous le montez,
Et vous allez à l'escalade
Du Pinde et de ses monts vantés,
Que, dès l'assaut, vous emportez.

 Ainsi donc ma muse éclopée,
Et, par ce procédé brutal,
Gardant le lit à l'hôpital,
Ne peut même être voiturée.
Et, de cette triste contrée,
Quand, malgré ce coup si fatal,

Elle se verrait transportée
Dans votre séjour jovial,
Elle aurait, au milieu d'un bal
Et de la plus belle assemblée,
Grâce aux soins du fougeux cheval,
La mine triste et contristée
D'un magot ou d'une poupée,
Ou de quelque spectre infernal.
Bien suis fâché, je vous le jure,
De cette triste aventure,
Car, dans votre charmant canton,
Vous réunissez, ce dit-on,
Les ris, les grâces et leur mère
Aux enfants du docte Apollon,
Et les déités de Cythère
Aux nymphes du sacré vallon.
Surtout, ce qui me désespère,
C'est le plaisir que j'eûs (*sic*) senti
De voir, d'embrasser un ami :
Je ne vous parle pas du prince;
De tous les plaisirs, sur ma foi,
Le voir eût été le plus mince.
Car enfin, fut-ce même un roi,
Quoique partout on le renomme,
A le bien prendre il n'est qu'un homme,
Un homme fait tout comme moi.
Oui, n'en déplaise à Son Altesse,
Je vous assure, en vérité,
Que j'ai beaucoup plus regretté
Votre entretien, votre tendresse,
Surtout la vue enchanteresse
De mainte friande beauté,
Que le prince, que la princesse
Et toute la principauté.
Or donc, pour terminer ma glose,
Ne pouvant, pour ladite cause,
Jouir de ces plaisirs charmants,
Je vous conjure avec instance,
En place de mon assistance,
De recevoir mes compliments,

L'expression des sentiments
De ma vive reconnaissance;
Enfin, de votre complaisance
Les sincères remerciements.

Cette vie toute de plaisir et de dissipation n'annonçait guère l'érudit et le bibliophile que nous connaissons. Il est vraisemblable que son père sentit alors la nécessité de l'éloigner. Nous savons en effet que le 14 avril 1786 il entra dans le régiment de Bourbon, en garnison à Maubeuge. La vie de simple soldat, pour un jeune homme en qui l'instruction et l'oisiveté avaient développé des goûts délicats et littéraires, était plutôt une pénitence qu'une carrière définitive. Elle dura moins d'une année, car il quitta le régiment le 13 mars 1787, après avoir, suivant toute apparence, promis à son père de se ranger. Gab. Peignot avait vingt ans; il partit pour Besançon, où il suivit les cours de droit de l'Université (1).

Il ne cessa cependant pas de cultiver les muses, comme on disait alors; nous trouvons, dans ses *Bagatelles poétiques,* une épître adressée à son ami Bouchu, datée de 1788. Arc avait-il cessé d'être alors le séjour agréable dont, trois ans auparavant, son émule en poésie faisait une description si sédui-

_____

(1) Il n'est pas exact, ainsi que l'ont écrit MM. Guillemot et Deschamps, qu'il ait été reçu avocat au parlement de Besançon en 1786, et qu'il se soit dès lors établi à Vesoul, pour y exercer sa profession. Les dates que nous citons sont écrites de la main même de G. Peignot.

sante? Ou plutôt, notre jeune légiste avait-il été condamné à passer quelques semaines dans une bourgade dépourvue de toutes ressources? Voici du moins le tableau peu flatteur qu'il faisait de sa résidence (1) :

> Dévoré de soucis dans un hameau bourbeux,
> Où ma muse languit sous un ciel nébuleux,
> Puis-je vous hasarder quelques rimes maussades?
> Maussades, c'est le mot; hélas! plus de rasades,
> Plus de propos joyeux, d'amourettes bien moins;
> Adieu les doux aveux, adieu les petits soins.
> Les deux sexes ici sont tels que la nature
> Fait naître les chardons dans un sol sans culture.

Quant à la jurisprudence, il n'y avait pas pris goût.

> Pour moi, vous le savez, il me faut de Bartole,
> Par ordre de mon père, hanter la triste école,
> A l'Université bâiller pendant trois ans,
> Pour obtenir le droit d'étriller les cliens.....

Il est certain qu'il avait confié à l'impression quelques essais poétiques. Existe-t-il du pot-pourri de la *Création,* qu'il a désavoué depuis, une édition antérieure à celle que l'on connaît de 1807? S'agit-il, dans l'épître adressée à sa cousine D.... et datée de 1797, d'un autre opuscule qui aurait échappé à tous les biographes? Voici du moins en quels termes il s'exprime sur un petit ouvrage imprimé à Paris en 1787 :

---

(1) *Epître à ma Muse* (1789).

Recevez, cousine, en cachette,
Ce livre qu'a tracé sans art
Une plume assez peu discrète,
Mais qui, comme vous, est sans fard.

Il serait inutile de le dissimuler aujourd'hui, tous les biographes ont fait mention de ces œuvres légères où l'auteur a payé son tribut de jeunesse à l'esprit du siècle. Tout alors était matière à couplets, pourvu qu'ils fussent bien tournés. Voltaire avait parodié le Cantique des Cantiques; Parny allait publier *la Guerre des Dieux*. Si nous voulions remonter plus haut, nous rencontrerions sur notre passage les Boufflers, les Lafare, les Chaulieu et le chanoine Maucroix. Toutefois, il importe d'établir entre ces débauches d'esprit et les écarts de notre jeune légiste la distinction si vraie que M. Sainte-Beuve a marquée avec tant de justesse en parlant de l'ami de Lafontaine : « Il s'oublie, il s'amuse, il se laisse aller aux goûts divers de l'amour et de la nature, mais sans un système bien réfléchi... Les défauts de Maucroix, comme ceux de Lafontaine, étaient purement naturels, et, jusque dans leur malice et dans leur licence, gardaient de la bonhomie. Prenez au contraire l'abbé de Chaulieu.... et vous aurez l'épicurien à la fois de pratique et de système (1). »

La chronique rapporte qu'à Besançon, abandonné à lui-même, G. Peignot n'avait pas renoncé aux

(1) *Causeries du lundi,*t. X, p. 179.

habitudes dissipées de la vie de garnison, et que son père, ayant pris le parti d'aller juger par lui-même de sa conduite, n'eut pas lieu d'être satisfait du résultat de sa visite inopinée (1).

Quoiqu'il en soit, notre poète prit ses grades et fut reçu avocat au Parlement de Besançon, en 1790. Pendant les deux années qu'il y demeura, il est vraisemblable que l'exercice de sa profession ne lui procura que de médiocres ressources; car il se montrait extrêmement désintéressé dans ses rapports avec ses clients : il plaidait volontiers sans réclamer d'honoraires. C'est du moins le reproche que lui adressait, quelques années après, madame Peignot, lorsque marié, établi à Vesoul, il se montrait trop oublieux de ses intérêts personnels et des besoins de son ménage.

D'ailleurs les vers et la galanterie se disputaient toujours une partie de son temps ; une épître assez légère à son ami B....., datée de 1790, nous le montre donnant une consultation d'un genre tout particulier, et puisée dans l'art d'aimer en usage chez les militaires du régiment de Bourbon :

---

(1) Les vers composés par Colin d'Harleville, en 1788, sur ses années de jeunesse, peuvent être littéralement placés dans la bouche de son contemporain :

> C'est là que j'ai trouvé quelques amis bien chers,
> Possédés, comme moi, de ce démon des vers ;
> *Bons fils, mais sourds de même à la voix de leurs pères...*
> Nous n'avions pas le sou, mais nous étions contens ;
> Nous étions malheureux, mais c'était le bon temps.

Tu te plains, m'a-t-on dit, de la fierté des belles,
Et de ce qu'à tes vœux tu les trouves rebelles;
Hélas! lorsqu'on possède un cœur comme le tien,
Voici pour le guérir l'infaillible moyen.....

Il reproche, en même temps, à son ami son goût trop exclusif pour la musique, qui lui faisait négliger tout commerce avec ses semblables; et cette critique devait être reçue d'assez bonne grâce, venant de G. Peignot qui était lui-même musicien et jouait du violon avec beaucoup d'âme.

Il convenait volontiers de ses travers de jeunesse; et, faut-il le dire? lorsque dans l'intimité de la famille il revenait sur ce temps de folle gaîté, il ne pouvait raconter, sans rire aux larmes, l'algarade qui le fit renoncer au barreau. Notre futur dignitaire de l'Université s'oublia un jour au point de jeter sa toque d'avocat dans le parquet de la juridiction devant laquelle il plaidait (1).

C'est peut-être à la suite de cet incident qu'il fit, avec M. Chevassu, de Vesoul, son parent, un petit voyage en Angleterre. Il y passa plus d'un mois, et il en rapporta les notes qui lui servirent plus tard à composer son article sur l'église Saint-Paul et sur la Tour de Londres, publié en 1836.

Cependant le temps avait marché; la Révolution avait usé quelques-uns des hommes qui, après

<hr/>

(1) Il fait allusion à cette algarade dans une lettre adressée à Crapelet le 1ᵉʳ décembre 1840, et qui a été publiée dans le *Bulletin du Bouquiniste* du 1ᵉʳ janvier 1862.

avoir tenté de la diriger, avaient été mis à l'écart
ou avaient succombé à la tâche. Necker venait de
quitter la France, Mirabeau était mort ; les tantes
du roi venaient de partir pour Rome ; Louis XVI,
surveillé, presque prisonnier dans sa capitale,
réduit à l'impuissance de faire le bien, profondément découragé, avait pris la résolution de fuir.
Après son retour à Paris, les membres les plus
ardents de l'Assemblée législative avaient voulu
faire considérer son départ comme une abdication.
A la suite de l'insurrection du Champ-de-Mars,
l'Assemblée, débordée par les clubs, ayant cons-
cience des périls qu'elle n'osait affronter, révisa à
la hâte l'acte constitutionnel et le présenta à l'ac-
ceptation du roi, qui le signa, après quelques jours
d'hésitation. Toutefois, avant de se séparer, le 30
septembre, l'Assemblée avait préparé l'organisation de la garde du roi, qui, d'après la Constitution,
devait remplacer les gardes du corps.

L'art. XII du chapitre II était ainsi conçu :

« Le roi ne pourra choisir les hommes de sa garde
que parmi ceux qui sont actuellement de service
dans les troupes de ligne ou parmi les citoyens qui
ont fait depuis un an le service de gardes nationaux, pourvu qu'ils soient résidants dans le royaume
et qu'ils aient précédemment prêté le serment ci-
vique. »

G. Peignot était en mesure de satisfaire à ces
conditions. Il était imbu, comme la plupart des jeunes gens de son âge, des opinions philosophiques

en vogue à la fin du siècle dernier, et il avait accueilli avec ardeur les promesses de 1789 ; toutefois, il avait conservé de sa première éducation et des traditions de sa famille un profond respect pour le souverain, qui, à cette heure suprême, ne pouvait plus compter que sur de rares dévouements. Il s'enrôla dans la garde constitutionnelle. Elle avait pour commandant en chef le maréchal duc de Brissac. Conformément au décret du 30 septembre 1791, elle était divisée en deux corps : l'un de douze cents hommes d'infanterie, l'autre de six cents hommes de cavalerie, et chacun d'eux avait pour chefs un maréchal-de-camp et un adjudant-colonel.

Cette troupe était composée d'éléments assez disparates, et de bonne heure, malgré les précautions prises pour n'y admettre que des hommes attachés à la cause de la Révolution, on dénonça à la Convention le dévouement trop exclusif de la garde envers la personne du roi.

On avait commencé par exiger de ces militaires le serment « d'être fidèles à la nation, à la loi et « au roi ; de maintenir de tout leur pouvoir la cons- « titution du royaume, décrétée par l'assemblée « nationale, aux années 1789, 1790, 1791 ; de veiller « avec fidélité à la personne du roi et de n'obéir à « aucunes réquisitions ni ordres étrangers au ser- « vice de la garde. » Ce serment devait être renouvelé chaque année.

Le 23 mai 1792, Gensonné signalait les prétendues manœuvres employées dans la composition de la garde, pour en écarter les hommes que leur patriotisme avait rendus suspects et pour ébranler leur fidélité envers la nation française. Bazire assurait, dans la séance du 28, qu'il était indispensable de dissoudre la garde du roi, afin de l'organiser constitutionnellement. « Il y a dans cette garde, s'écriait-il, des prêtres réfractaires, des hommes revenus de Coblentz et leurs domestiques qui leur sont attachés. Je prouverai qu'il existait un projet d'enlever le roi le jour de la fête de Châteauvieux. »

Comme l'assemblée avait exigé que chacun des militaires de ce corps justifiât qu'il remplissait les conditions prescrites par le décret organique et que leurs titres eussent été vérifiés par la commune de leur domicile, un nombre assez restreint avait satisfait à cette obligation. Bazire se plaignit en outre, le 29 mai, de ce que les patriotes quittaient le service ; qu'ils avaient été remplacés par d'anciens gardes du corps, par des jeunes gens sortis du séminaire. « Le peu de bons citoyens qui restent sont obligés de prendre le masque de l'aristocratie... »

C'est sans doute pour se conformer à cette nécessité que G. Peignot conserva le nom de La Verpilière, qu'il portait déjà dans le régiment de Bourbon et sous lequel il s'enrôla dans la garde constitutionnelle. Ainsi que l'on devait s'y attendre, en effet, un grand nombre des jeunes gens qui la composaient appartenaient à des familles nobles ; les autres, qui craignaient de se trouver dans une condition d'infériorité vis-à-vis de leurs camarades, se décoraient volontiers de noms d'emprunt, à l'abri desquels ils se livraient sans crainte à bien des écarts. Ces militaires, appartenant à une arme d'élite, se distinguaient en effet des autres troupes, non moins par leur conduite licencieuse que par leur uniforme. Duels, enlèvements, incartades de toutes sortes, ces passe-temps en usage parmi messieurs les gardes donnaient lieu à plus d'une aventure fâcheuse, où il était plus commode de figurer sous un nom de guerre que sous celui de sa famille. On s'explique, par ce double motif, que G. Peignot ait substitué au sien celui d'un jardin appartenant à son père.

Ainsi qu'on l'a vu par les fragments de discours que nous avons cités, l'esprit politique qui animait la garde constitutionnelle était assez divers. Le roi avait sans doute des raisons de se défier du dévouement d'un corps d'où les révolutionnaires avaient cherché à écarter les hommes attachés à sa personne, pour y faire entrer des patriotes. G. Peignot racontait volontiers à ce sujet, qu'un jour, se promenant avec quelques-uns de ses camarades dans les jardins de Versailles (est-ce bien à Versailles qu'il convient de placer cet incident?), il avait rencontré Louis XVI, accompagné de deux personnes de la Cour. Les gardes s'inclinèrent profondément et témoignèrent par leur attitude de leur respect pour la personne du roi. Cependant Louis XVI crut devoir exprimer, assez haut pour être entendu, quelques doutes sur les sentiments de sa garde. Peignot, piqué de cette observation, ne craignit pas de prendre la parole et supplia Sa Majesté de croire à la fidélité absolue de la troupe à laquelle il appartenait.

Il est impossible de suspecter sa sincérité à cet égard ; quelle que fut la légèreté de son caractère, il était incapable de tromper ou de trahir son souverain. On s'expliquerait difficilement qu'il eût quitté son pays, sa famille et interrompu sa carrière pour aller jouer à Paris un rôle équivoque (1).

« Les derniers avis de Barnave, écrit Mme Campan, avaient été donnés sur les moyens de conserver quelques semaines de plus la garde constitutionnelle dénoncée à l'assemblée, et qui devait être cassée. Les dénonciations contre la garde constitutionnelle ne concernaient que l'état-major de cette garde et le duc de Brissac. Barnave écrivit à la reine que l'état-major de cette garde était déjà attaqué ; que l'assemblée allait rendre un décret pour le casser ; qu'il la suppliait, à l'instant même où le décret paraîtrait, d'obtenir du roi de recréer cet état-major et de le composer de gens dont il lui envoyait les noms. Je n'ai pas vu cette liste, mais Barnave disait

---

(1) Mme Campan a dit dans ses *Mémoires* que « le roi était content des sentiments de cette troupe qui, comme on le sait, exista fort peu de temps. » (Edit. Didot, p. 309.) Nous avons rapporté le trait qui précède d'après les souvenirs conservés dans la famille de M. Peignot. Il a fait dans sa *Correspondance* deux courtes allusions à son séjour à l'Ecole militaire, où était son quartier. « ... Depuis que je vous connais, et cela date d'un peu loin (du temps où je râclais du violon, enfourché sur l'angle de mon lit, à l'Ecole militaire de Paris). » (Lettre à Baulmont, du 10 octobre 1839.)

que tous ceux qui la composaient passaient pour des Jacobins prononcés et ne l'étaient pas ; qu'ils étaient, ainsi que lui, désolés de voir porter atteinte au gouvernement monarchique ; qu'ils avaient su dissimuler leurs sentiments, et que l'assemblée serait quinze jours au moins avant de pouvoir les bien connaître et surtout avant d'avoir pu les dépopulariser ; qu'il fallait profiter de ce court espace de temps pour s'éloigner de Paris, et cela dans les premiers jours de la nomination de ceux qu'il désignait. La reine crut ne pas devoir céder à cet avis. M. le duc de Brissac fut envoyé à Orléans et la garde fut cassée (1). »

Voici en quels termes M. Lacretelle a raconté cette affaire : « Plusieurs des gardes s'étaient rendus délateurs de leurs camarades et de leurs officiers. Toutes les imprudences qui pouvaient échapper à ceux-ci étaient recueillies avec soin. Louis avait dans le duc de Brissac un ami dévoué qui osait encore l'appeler son maître. . . . . Commandant de la garde constitutionnelle du roi, il parlait avec réserve, soupirait souvent et laissait quelquefois éclater l'indignation dans ses regards. Le Dauphin... avait été chargé, je ne sais à quelle occasion, de présenter à des officiers de la garde du roi son père un gâteau surmonté d'un petit drapeau blanc, qui peut-être était l'un de ses jouets. L'hom-

---

(1) *Mémoires*, p. 326.

mage du jeune prince fut conservé avec respect,
avec amour, et peut-être avec quelque imprudence.
Le bruit se répandit bientôt parmi les révolutionnaires que les chefs de la garde du roi méditaient
un massacre du peuple, et que déjà ils avaient fait
fabriquer le drapeau blanc qui devait leur servir de
signal. Le maire de Paris, Péthion, fit fouiller leur
hôtel. Les officiers entreprirent une résistance qui
accrut les soupçons ; leurs soldats les trahirent, et
un drapeau blanc, haut de cinq ou six pouces, fut
présenté comme une preuve manifeste de la nouvelle Saint-Barthélemy que préparait Louis XVI. .

. . . .

« En même temps, le comité de surveillance
demandait la dissolution de la garde du roi. C'était
violer directement la constitution de 1791 qui l'avait
établie. On éludait ce faible obstacle 'en proposant
que cette garde fût remplacée sans délai.

« Le licenciement de la garde fut décrété à une
faible majorité, et M. le duc de Brissac envoyé à la
haute cour d'Orléans (1). »

L'ordre fut donné le 26 août, de le transférer à
Paris avec les autres accusés; des assassins venus

____

(1) *Hist. de France pendant le XVIIIe siècle*, t. IX, p. 110-112;
p. 350.

Delille raconta cet épisode dans son poème de *Malheur et Pitié*
(Chant III) :

Respectable Brissac! Ah! dans un temps barbare,
Qui n'aime à retrouver une vertu si rare?
. . . .
Tu passes sans regret, ainsi que sans remord,
Du Louvre dans les fers, et des fers à la mort.

de Paris les attendaient à Versailles ; lorsque les prisonniers y arrivèrent le 9 septembre, ils furent assaillis et égorgés au nombre de cinquante par ces forcenés.

II

Gabriel Peignot s'établit à Vesoul. — Il est nommé bibliothécaire. — Les écoles centrales — Sa double fonction de bibliothécaire et de professeur à l'école centrale de la Haute-Saône. — Il est nommé principal du collége de Vesoul. — Ses vers. — Ses comédies de société. — (1792-1813.)

G. Peignot fut ainsi contraint de rentrer dans la vie privée. Il se fixa à Vesoul, où il reprit l'exercice de sa profession d'avocat, et où il retrouva plusieurs membres de la famille de son père. Le milieu dans lequel il avait vécu à Paris ne lui avait rien fait perdre de sa verve poétique ; toutefois, il en rapporta en germe les sentiments que les progrès de l'âge et la réflexion devaient développer en lui ; on en trouve un indice dans un de ses rares opuscules poétiques, où respire une aversion invincible pour la licence révolutionnaire. On citera sans doute encore de lui quelque débauche d'esprit, telle que les lettres facétieuses de Fontenelle ou la *Petite Franciade*, qu'il publia quelques années plus tard. Mais, lorsqu'en 1793, il écrivait l'épigramme suivante, il exprimait le dégoût qu'il éprouvait pour les coryphées de la Montagne :

Braver l'opinion, commettre tous les crimes,
Etre un monstre effrayant d'audace et de terreur,
Rougir ses viles mains du sang de ses victimes,

N'écouter que la voix de son farouche cœur,
Avoir pris pour modèle ou Néron ou Tibère,
Répondre à qui l'accuse en cynique imposteur,
D'un tyran exécré tel est le caractère.

Il épousa, le 31 mars 1793, Mlle Françoise Durger, fille d'un ancien procureur au bailliage de Vesoul, qu'il perdit le 10 septembre 1795. Le 13 juin 1794, il fut nommé bibliothécaire du département de la Haute-Saône, fonction qu'il conserva sous un autre titre, jusqu'en 1803.

Le 7 ventôse an III, la Convention décréta l'établissement d'une école centrale pour trois cent mille habitants. Mais ces écoles ne furent organisées que l'année suivante. Vesoul eut la sienne et G. Peignot en fut nommé bibliothécaire. Comme il était difficile de trouver un nombre de professeurs suffisant pour remplir les programmes de l'enseignement (il en fallait dix par école, ou neuf cents environ pour toute la France), G. Peignot fut chargé de faire en même temps le cours de géographie et d'histoire littéraire. Cette double fonction convenait admirablement à ses aptitudes pour les lettres et pour la bibliographie. Le travail considérable qu'elle lui imposait ne fit que stimuler ses heureuses facultés, et c'est certainement à Vesoul qu'il prépara la plus grande partie des ouvrages qu'il publia plus tard et qui firent sa réputation.

On lui doit l'organisation de la bibliothèque de Vesoul; il y réunit et il y classa les précieuses collections des Bénédictins de Luxeuil, de Faverney et de Bellevaux, d'où il tira un premier noyau de vingt mille volumes.

Cependant le programme des études était trop étendu ; la ligne de démarcation qui sépare l'enseignement supérieur de l'enseignement secondaire n'avait pas été tracée avec une netteté suffisante. Mais si ces cours n'étaient guère convenables pour faire de bons élèves, pour la plupart desquels ils avaient un caractère trop encyclopédique, en revanche ils devaient contribuer à former d'excellents professeurs. Il est probable que G. Peignot s'y distingua, car il fut chargé de prononcer le discours de rentrée, le 10 brumaire an VII. Il en a publié un long extrait dans son *Manuel bibliographique*, p. 195.

On y trouve la trace des opinions philosophiques qu'il avait puisées dans ce courant d'idées toutes faites que les encyclopédistes avaient léguées à la génération de 1789, et que l'on acceptait alors sans examen. G. Peignot n'eût pas tenu, en 1820, le langage qui fut sans doute applaudi de tout le monde en l'an VII ; mais du moins, on pressent, dans ce discours, l'œuvre d'un esprit dévoué à la science, qui, malgré ses illusions sur l'avenir du régime politique en vigueur, conservait des idées saines sur les anciennes méthodes. On y lit des phrases comme celle-ci : « Dans une république, l'instruction est le besoin de tous ; cette vérité, mille fois répétée et sentie dans tous les temps par les esprits justes et éclairés, a déterminé le législateur français à remplacer les institutions gothiques de l'ancien régime, connues sous le nom d'académies, d'universités et de colléges... »

Mais aussi on rencontre des conseils salutaires sur la nécessité de donner aux langues anciennes une large place dans l'instruction publique. « Si, sous l'ancien régime, on avait la ridicule manie de consacrer de longues années à l'étude seule du latin, ne tombons pas dans un excès contraire et plus pernicieux, en le proscrivant entièrement..... Il n'existe pas un homme qui, dans le cours de sa vie, se soit un seul instant repenti de s'être appliqué à l'étude des langues, et surtout du latin..... »

Il se faisait du reste l'interprète des discours prononcés par Fourcroy en l'an IV, et des circulaires de François de Neufchateau ; et comme cette organisation de l'enseignement valait mieux, à tout prendre, que la dégradation dans laquelle étaient tombées les études, on s'explique que notre jeune bibliothécaire se soit exprimé avec une confiance si absolue sur l'avenir et l'efficacité des nouveaux programmes (1).

---

(1) Son enthousiasme tout juvénile pour le gouvernement qui venait de succéder aux excès politiques dont il avait été le témoin, ne doit pas tirer plus à conséquence que les écarts bien autrement graves de son ami et contemporain Nodier, qui depuis... Ce dernier travaillait au *Citoyen Français,* journal qui fut supprimé comme ultra-révolutionnaire, et il disait de lui-même, dans les *Souvenirs et portraits de la Révolution,* « qu'il avait servi la liberté avec la ferveur d'une organisation énergique. »

Dès le 10 septembre 1795, G. Peignot avait perdu sa femme; il s'était remarié quelques mois après avec Mme Juif, veuve de M. Hugon, avocat à Vesoul. Son père, qui n'avait pas quitté la petite ville d'Arc, mourut ensuite le 15 avril 1796. Mais la part que son fils recueillit dans sa succession fut extrêmement modique, soit qu'il eût dissipé ou compromis à l'avance la fortune qui devait lui revenir, soit que des pertes d'argent, pendant l'époque orageuse que l'on venait de traverser, eussent ébréché ou anéanti un patrimoine qui, dans l'origine, avait été assez considérable.

Ainsi, avant trente ans, G. Peignot ne pouvait guère compter que sur son travail pour vivre et pour élever les jeunes enfants de son premier mariage et ceux qu'il devait avoir de sa seconde femme, à des intervalles assez rapprochés. Toutefois la place qu'il occupait ne laissait pas de lui procurer des appointements assez considérables pour l'époque. Le traitement des professeurs et des bibliothécaires des écoles centrales était de trois mille francs, et en supposant qu'il ne cumulât pas les appointements afférents à chacune des fonctions qu'il remplissait, ils s'élevaient au même chiffre que ceux qu'il touchait, à la fin de sa longue carrière, en qualité d'inspecteur de l'académie de Dijon.

A partir de cette époque, il se consacra tout entier aux devoirs que lui imposaient ses occupations officielles et son rôle de père de famille. Mais il n'avait rien perdu de son enjouement et de son extrême

affabilité. Les amis avec lesquels il se lia entre-
tinrent avec lui, pendant le reste de sa vie, des
relations assidues. Son commerce était aussi sûr
qu'agréable; il était l'âme d'une société composée
de toutes les personnes qui occupaient un certain
rang à Vesoul ou dont les goûts étaient conformes
aux siens. Il y apportait beaucoup d'esprit naturel,
une intelligence très cultivée, une merveilleuse facilité à composer des petits vers et des comédies de
société. Ses amis ont conservé de lui et chanté, pendant de longues années, plus d'une épigramme, plus
d'un couplet éclos dans ces réunions intimes, entre
deux verres de vin de Champagne.

Plusieurs des épîtres publiées dans ses *Bagatelles
poétiques* datent de cette époque, et sont adressées
à l'imprimeur Bobilier, propriétaire du château de
Navenne; à Beauchamps, savant astronome qui fit
partie de l'expédition d'Egypte; au baron Hilaire,
préfet de la Haute-Saône; au général Vergne, qui
fut préfet en 1800. Ses autres amis étaient le colonel Bobilier, frère de l'imprimeur; M. Baulmont,
maire de Vesoul; M. d'Auxon, sous-intendant militaire, etc. Il eut plus d'une fois recours à leur
bourse, à charge de revanche, lorsque la sienne
était à sec, et c'est en vers qu'il leur adressait
volontiers sa requête. Dans une petite pièce, adressée à M. Bobilier, il peint ainsi sa détresse (1797).
Il est censé parler à un voleur qui lui a dérobé un
louis :

Je suis comme vous misérable,
Par la queue arrachant le diable;
J'ai de plus que vous quatre enfants
(Autant vaudrait quatre sergents);
Bien plus, j'ai la meilleure femme
Que Dieu fit pour sauver une âme,
Je dis une âme de mari,
Qui fait son purgatoire ici.

Je suis convalescent, je mange comme quatre,
Ma femme en fait autant et n'en veut rien rabattre,
. . . .
L'hiver aux doigts glacés, au front sec et chenu,
Vient, sans provisions, nous prendre au dépourvu.

Auparavant il avait adressé ses adieux à son ami
Beauchamps, envoyé à Mascate en qualité de consul. Celui-ci ayant été retenu prisonnier à Cons-
tantinople par le sultan, G. Peignot publia dans la
Décade philosophique son épître au grand Turc
(1800) :

Savez-vous, Monsieur de Bysance,
Qu'à la fin je perds patience.
Depuis près de quatre printemps,
J'attends en vain l'ami Beauchamps...
J'ai lu dans les papiers-nouvelles
Que, par delà les Dardanelles,
Cet ami si cher à mon cœur
Vit aux dépens du Grand-Seigneur...

L'épître au général Vergne commence le recueil
et est datée de 1800. Il s'excuse en ces termes de
s'abandonner avec trop de complaisance au plaisir
de rimer :

Cependant, quelquefois un accès de délire,
En dépit des neuf Sœurs, me porte à rimailler;
L'ombre de Chapelain semble me tenailler :
Vingt fois j'écris mon vers, vingt fois je le déchire,

De mes alexandrins alimentant mon feu:
Je n'use par bonheur que de l'encre à ce jeu...

En même temps il composait des petites pièces qui ont été, pour la plupart, représentées sur le théâtre de bienfaisance de la ville de Vesoul. « Si le public a daigné les accueillir, dit-il dans l'avant-propos qui précède les *Opuscules dramatiques*, j'en suis redevable au seul jeu des acteurs et surtout à mon ami Baulmont. Ces bagatelles dramatiques, destinées à un petit théâtre de société, ayant été conçues et jetées sur le papier très rapidement, on les trouvera sans doute faibles et incorrectes ; mais au moins j'ai tâché de les rendre d'une exécution facile, tant par le nombre et le caractère des personnages que par la simplicité des décorations. »

Aux deux comédies imprimées dans ce recueil et qui ont pour titres *Robin et Cidalise* et *la Cassette*, il convient d'ajouter : « *le Bailli cabaleur*, imprimé en l'an IV (représenté le 3 mars 1793); *les Lunettes cassées*, comédie en trois actes; *les Dangers de l'A-théisme*, drame en trois actes, et quelques scènes patriotiques. Celles non représentées sont : *l'Heureux Procès*, opéra bouffon en deux actes ; *la Tête à perruque*, comédie en deux actes ; *les deux Corsaires*, comédie en deux actes; *les Deux Cousins*, comédie en trois actes. »

L'intrigue de *Robin et Cidalise* est extrêmement simple, et n'est ni meilleure ni pire que les pièces de circonstance du même temps. Le but moral, par trop marqué, ne laisse pas un instant le spectateur ou le lecteur en suspens. Un célibataire fort riche, Lisimon, veut, avant de faire son testament, éprouver les sentiments de ses neveux et de sa nièce. Il se fait passer pour mort ; les héritiers sont appelés ; on ouvre un prétendu testament qui laisse toute la fortune à Robin, villageois avide et grossier. Celui-ci met la main sur le coffre-fort, tourne son oncle en ridicule, chasse son vieux serviteur, renie sa mère, et traite sans ménagement ses cousins Clairval et Nadine, qui ont été à peu près déshérités. Ces derniers, au contraire, agissent et parlent avec un désintéressement sans bornes. L'oncle reparaît alors, confond l'ingrat, et unit le sensible Clairval à l'intéressante Nadine, qui n'ont pas cessé de témoigner le plus profond respect pour sa mémoire.

Dans *la Cassette*, un tuteur, qui ressemble comme deux gouttes d'eau à Bartolo, s'enrichit aux dépens de sa pupille et écarte tous les partis qui la demandent en mariage. Un amoureux, Mélicourt, s'introduit dans la maison, déguisé en jardinier ; son valet vole la cassette du tuteur avare. Avant que ce dernier s'en aperçoive, on lui offre cinquante mille francs pour obtenir son consentement au mariage de sa pupille, que Mélicourt consent à épouser sans dot. Les cinquante mille francs sont pris sur l'argent de la cassette, et les jeunes époux partent en poste avec le reste, en annonçant au tuteur qu'ils lui restitueront son argent après qu'il aura rendu ses comptes.

C'est dans la première partie des *Bagatelles poétiques* que fut publiée la *Petite Franciade,* qui doit
avoir été composée en 1801, date de l'édition que
nous avons sous les yeux. Il y est question en effet
du traité de Lunéville :

> Enfin, après bien des combats,
> Et des dangers et des débats,
> Aux méchants pour faire la nique,
> Et pour sauver la République,
> Une bonne et solide paix
> Fera rire tous les Français.

Deux autres pièces sur le même sujet figurent en
tête du même recueil. Dans l'une d'elles on lit ces
vers à l'adresse du premier consul :

> Gloire au vaillant héros qui sut, dès son jeune âge,
> Allier la puissance au plus rare courage ;
> C'est par lui que l'on voit le céleste laurier
>   S'unir au paisible olivier.
> Il ne lui suffit pas de fixer la victoire :
> Avec Minerve il vole au temple de mémoire.

Les succès de nos armées, on le voit, excitaient
sa verve. Nous possédons, manuscrites, deux pièces
peu connues sur la prise de Vienne, non mentionnées par les bibliographes, bien qu'elles aient été
imprimées chez Bobilier à Vesoul. Elles ont été
chantées, pour la première fois, dans les salons du
baron Hilaire, alors préfet du département de la
Haute-Saône. Nous choisissons les trois meilleurs
couplets de la première :

CHANSON SUR LA PRISE DE VIENNE,

le 13 novembre 1805.

Air : du pas redoublé.

I

Jarnigoi ! comme ces Français
   En besogne vont vite !
A Vienne, en six s'main' à peu près,
   Ils vont prendre leur gîte.
Ça prouve que, dans ce pays,
   La poste est bien servie,
Et que François et ses amis
   D' nous voir ont grande envie.

II

Je n' sais pas pourquoi stapendant
   Cet emp'reur d'Allemagne,
Quand j'arrivâm' dans son log'ment,
   Se trouvait en campagne.
Vous avouerez, mes chers amis,
   Qu' ça n'est pas fort honnête,
Depuis que j' somm' dans son pays,
   J' li faisons tant la fête !

. . . .

VII

Si, pour aller chez les Anglais,
   J'avons passé par Vienne,
On nous paicra bien les relais
   De la poste autrichienne.
Dailleurs le chemin d'vient plus sûr
   A Londres pour se rendre ;
Et comm' le fruit sera plus mûr,
   Il s'ra meilleur à prendre...

La seconde pièce est un impromptu, en huit vers, qui n'a d'autre mérite que celui de l'à-propos.

Après avoir salué dans ses vers le pouvoir tuté-laire qui venait de réparer les ruines accumulées par la Révolution et le Directoire, il exprimait, dans les préfaces de ses premiers ouvrages, la même reconnaissance pour les bienfaits du gouvernement consulaire (1) :

« Jamais les sciences et les arts n'ont été cultivés en Europe avec autant d'activité qu'au commence-ment du XIXe siècle, et peut-être jamais moment n'a été plus favorable pour leur faire prendre un nouvel essor. Les savants sont honorés dans leur patrie; la paix sourit à leurs vœux; appuyée sur des bases solides, elle rétablit la communication entre des peuples trop longtemps divisés ; elle rouvre par-tout les canaux du commerce; elle répand déjà sur nos champs la corne d'abondance; et l'on sait que les filles de Mémoire se plaisent, loin du tumulte des camps, sous un ciel pur et sous une terre féconde qu'habite le bonheur. Si pendant le temps des ora-ges de la Révolution, le souffle impur du vandalisme n'a point éteint le flambeau des sciences, si elles ont été respectées au milieu des malheurs irréparables d'une guerre qui embrasait l'Europe entière, de quel éclat ne vont-elles pas briller sous l'égide d'un gou-

---

(1) *Dictionnaire raisonné de Bibliologie*, Discours préliminaire, p. VII.

vernement pacificateur, juste et éclairé, qui protége et encourage ceux qui les cultivent?

Nous possédons, de cette époque, d'autres impromptus qui n'ont pas coûté à leur auteur un travail bien sérieux ; cependant, comme ils présentent un certain appareil technique, on peut les rapprocher de plusieurs pièces du même genre, empruntées à divers auteurs, et qui ont trouvé place dans les *Amusements philologiques :*

Invitation à M. Piot de se rencontrer à un déjeûner donné par G. Peignot à ses amis, partant pour les eaux de Luxeuil.

Le 13 floréal an XIII.

Sachez, Monsieur Piot,
Que Gabriel Peignot
Veut vous dire en un mot
Ou quatre, s'il le faut,
Qu'à dix heures, et tôt,
Vous preniez le galop,
Si n'aimez mieux le trot,
Pour venir aussitôt
Entamer un gigot...

Cet impromptu n'a pas moins de cinquante vers sur la même rime.

Le suivant se compose de vers léonins de douze syllabes dont chaque hémistiche se termine par la même lettre. Ces lettres ne sont autres que les cinq voyelles, dans leur ordre régulier :

Ami, sachez celA: vers une heure serA
Etalé sur ma tablE un gigot bien braisÉ;
Il peut se faire aussI qu'on l'ait plus tôt rôtI.
Or, de plus, mon JokO, nous aurons ex æquO
Un brochet impromptU, pour vous exprès venU.

En voici un troisième dont nous ne pouvons donner que les quatorze premiers vers ; les derniers complètent la série des vingt-quatre lettres de l'alphabet qui précèdent la rime en É.

G. Peignot à son ami Baulmont, qui lui avait demandé des rimes en É sur le café pris chez lui à 10 heures du soir, le 28 novembre 1807.

Hier soir, vis-à-vis votre aimable Aglaé,	AE
Vous m'avez, cher Baulmont, joliment imbibé ;	BE
Il est vrai, je me suis un tantinet forcé ;	CE
Vous étiez si pressant, mais enfin j'ai cédé,	DE
Et, sans mon estomac, cela m'eût récréé.	EE
Mais, cette nuit, j'ai dit : « Maudit chien de café !	FE
Pour te prendre le soir, il faut être enragé. »	GE
Bobilier fut aussi très bien apostrophé :	HE
C'est à lui qu'on le doit ; il s'en est méfié.	IE
N'en prenant que fort peu, ce diable de Kaké	KE
Sans doute aura dormi comme moi j'ai veillé.	LE
Pour comble de bonheur, à peine un peu calmé,	ME
Mon œil en sa paupière était embéguiné	NE
A peine, je faisais ce que jadis Noé	OE
Fit après avoir bu.	

Ces petites débauches d'esprit auxquelles l'auteur n'attachait aucune importance ne l'avaient pas empêché de publier, dans les premières années du siècle, sa *Petite Bibliothèque choisie,* son *Manuel bibliographique,* son *Dictionnaire raisonné de bibliologie* et son *Dictionnaire des livres condamnés.*

Cependant les écoles centrales n'avaient pas produit les résultats qu'on en attendait ; elles furent remplacées, le 1er mai 1802, par des lycées établis au chef-lieu de chaque académie, et par des écoles secondaires dans les villes moins importantes. G. Pei-

gnot fut nommé, le 21 décembre 1803, directeur de
celle de Vesoul, titre qui fut remplacé, le 10 décembre 1810, par celui de principal du collége de la
même ville. Il fut continué en même temps dans
ses fonctions de bibliothécaire. S'il traversa sans
échec cette période de remaniements, où les hommes
médiocres et insuffisants étaient écartés et disparais-
saient avec les institutions qui les avaient soutenus,
il faut en conclure que le directeur de l'école secondaire de Vesoul dirigeait ces établissement avec
une intelligence et un zèle éprouvés. Nous en trouvons une preuve intéressante dans une lettre (tout
récemment publiée) qu'il adressait à son ami Amanton, le 13 août 1810 :

« Figurez-vous un pauvre diable qui, depuis deux
mois, est à la galère ; j'ai renvoyé tous mes maîtres
d'études, gens qui m'avaient trompé indignement,
et j'en fais maintenant les fonctions. Voici tous les
anneaux de ma chaîne de galérien : levé à cinq
heures ; étude jusqu'à sept ; classe jusqu'à neuf et
demie ; étude jusqu'à onze et demie ; dîner, étude,
classe, étude jusqu'à sept. Point de souper pour
moi ; travail de cabinet jusqu'à onze et demie, voilà
ma vie de tous les jours (1). »

Il trouvait cependant encore le temps de composer quelques ouvrages et d'écrire des vers : nous
avons de lui un conte qui porte la date du 9 jan-

(1) *Bulletin du Bibliophile* (janvier-février 1863), p. 82.

vier 1811, et qui était vraisemblablement adressé au baron Hilaire :

LES OIES ET LE CHEVREUIL.

> Un chevreuil bien fourré,
> Bien gras, bien potelé,
> S'émancipant à courir par la plaine,
> Rencontra dans son chemin
> De tendrons emplumés une demi-douzaine,
> Allant cahin caha leur petit train.
> Or ces tendrons étaient des oies,
> Bien moins fières de leur beauté
> Que de leurs foies.
> — Dieu vous conserve en santé,
> Leur dit notre coureur agile;
> Où portez-vous ainsi vos pas?
> — Monsieur, nous allons à la ville,
> Où le premier des magistrats,
> Le sensible Hilaire,
> Nous destine à certaine affaire
> Qui prouve que de nous il fait grand cas.
> Sachez qu'au chef-lieu de l'Isère
> Ce cher baron possède un digne ami,
> Et que, par notre ministère,
> Il doit, dans quelques jours, conférer avec lui (1)...

Il ne serait pas impossible que le travail excessif auquel G. Peignot se condamnait eût amené la maladie dont il parle dans le relevé qu'il a laissé de ses services dans l'Université. Il fut obligé de rési-

---

(1) Je suppose que l'*Ambassade des Bartavelles du Dauphiné,* que je n'ai pu me procurer, a les plus grandes analogies avec la pièce inédite dont je viens de citer la première partie. *L'Ambassade* a été tirée à un très petit nombre d'exemplaires, en 1810.

gner ses fonctions vers le milieu de l'année 1813 ;
il ne rentra dans l'instruction publique que le 18
octobre 1815, en qualité de proviseur du collége
royal de Dijon.

III

*Peignot est nommé inspecteur de l'imprimerie et de la librairie. — Evéne-
ments de 1814 et de 1815. — Il exerce ses fonctions à Troyes. — Il re-
vient à Dijon, où il est ensuite nommé proviseur du collége royal. — Ses
fonctions d'inspecteur d'Académie. — Ses tournées. — (1813-1821).*

Dès 1809, G. Peignot, ayant sans doute besoin
d'argent, avait cherché à se défaire d'une partie de
la bibliothèque qu'il avait réunie. Il en avait publié
le catalogue sous ce titre : *Notice des livres composant le cabinet de M. G. P., directeur de l'école communale secondaire de Vesoul, bibliothécaire du département et de la ville (avec les prix d'acquisition)* (1).

Il avait pour ses livres un goût si vif qu'il ne se
lassait pas d'en parler et d'en rappeler l'origine et
la valeur, en proposant aux amateurs de leur céder
les ouvrages qui composaient sa bibliothèque. Il
est singulier qu'à l'époque où notre bibliophile se
trouvait réduit à cette pénible extrémité, son ami
Nodier, bibliothécaire comme lui, avait recours aux
mêmes expédients. Dans une lettre , récemment

---

(1) Ce catalogue, qui, jusqu'à ce jour, était resté inconnu des bibliographes, est mentionné dans le catalogue de la bibliothèque
de M. H. de CH., nº 775 (Potier, 1863).

publiée , il propose à G. Peignot la vente ou l'é-
change de quelques livres :

« Remarquez, mon cher confrère, qu'il en coû-
tera peu à votre belle collection de livres pour l'acquisition des miens : d'abord parce que je vous les
laisserai précisément pour la valeur que vous y
mettrez; secondement, parce que l'état plus que
mesquin de ma fortune m'ayant interdit le choix
des ouvrages rares et des exemplaires somptueux,
je me bornerai à prendre dans votre catalogue (que
je vous demande, si mes propositions vous con-
viennent), des livres d'utilité fort simples et faciles
à remplacer (1). »

En 1813 , privé de ses fonctions, chargé de
famille, G. Peignot dut éprouver, plus encore qu'à
l'époque où il offrait ses livres en vente, une véritable gêne. Il partit pour Dijon, à la fin du mois de
mai, et c'est à cette date que commence sa corres-
dance avec son ami Baulmont. Sa première lettre,
où il raconte les incidents de son voyage, est pleine
de gaîté, de verve et d'insouciance. A son arrivée à
Dijon, il fut accueilli avec beaucoup de bonté par
le duc de Brissac, alors préfet de la Côte-d'Or, et
dont le père, on s'en souvient, avait commandé la
garde constitutionnelle, où G. Peignot avait servi
pendant plus d'une année.

Il venait d'être nommé inspecteur de l'imprime-

(1) *Bulletin du Bibliophile,* année 1859, p. 75.

rie et de la librairie (1), et il commença ses tournées quelques jours après son arrivée à Dijon. Nous
le trouvons en effet, le 6 juin, faisant une visite aux
imprimeurs et aux libraires de la ville de Beaune.
Il y fut accueilli avec beaucoup de cordialité, et s'il
se rappelle, avec une certaine complaisance nar-
quoise, les aventures et les mauvaises plaisanteries
de Piron, il s'en excuse aussitôt. Au bout de quelques mois, grâce à l'affabilité de son caractère, il
comptait autant d'amis dans le département de la
Côte-d'Or que dans celui qu'il venait de quitter.
Dès le 28 novembre, en effet, il était nommé membre de l'Académie de Dijon, où l'avait déjà précédé la réputation de ses ouvrages.

Sans rien perdre de l'enjouement qui fait le
charme de sa correspondance, il commence à faire
quelques retours sur lui-même ; sa pensée est moins
frivole et ne connaîtra plus les écarts que, depuis,
l'auteur a voulu désavouer. « A mesure que j'avance
dans la vie, écrivait-il, j'apprécie mieux cette fumée
ridicule dont tant de gens sont avides ; je ne prends
plus guère d'intérêt qu'aux douceurs de l'amitié et
à l'éducation de mes enfants ; le reste effleure à

---

(1) Cependant, d'après une note de sa main, il ne cessa ses fonctions de principal du collége de Vesoul que le 15 septembre. Il ne
serait pas impossible qu'il n'eût été remplacé qu'à cette date et
qu'il n'eût pas cessé de figurer *officiellement* dans les cadres universitaires, tout en remplissant déjà d'autres fonctions.

peine mon cerveau, qui éprouve des changements bien marqués (1). »

Cependant les nouvelles de la dernière campagne de l'Empereur attristaient tous les cœurs ; Peignot avait dans les gardes d'honneur un fils dont il ne recevait que difficilement des nouvelles (2). Le 13 novembre 1813, son autre fils, officier d'infanterie, tombait, frappé à mort, sur le champ de bataille. Il n'est pas étonnant qu'un père aussi tendre ait conçu quelque aigreur pour le gouvernement qui lui avait enlevé ses deux enfants. Sa mauvaise humeur se trahit par quelques couplets satiriques. A la suite de tant de désastres, il accueillit avec une certaine satisfaction l'avènement d'un nouveau pouvoir qui promettait et duquel on attendait plus qu'il ne pourrait tenir.

Il célébra le rétablissement des Bourbons dans un *Impromptu* qui fut imprimé à Paris en 1814. Cette pièce, sous forme de dialogue, a beaucoup d'analogie avec celle que l'auteur publia en 1816 sous le titre de *Nouvelliste des Campagnes*.

---

(1) Lettre du 29 novembre 1813.

(2) M. Jean-Joseph Peignot, né à Vesoul le 4 septembre 1795, membre du conseil général de la Haute-Saône, président du conseil d'arrondissement, décédé le 9 avril 1860 à Port-sur-Saône, où il était juge de paix. Sa bienfaisance, les nombreux services qu'il a rendus dans l'exercice des diverses fonctions qu'il a remplies, lui ont mérité, de la part des populations au milieu desquelles il a vécu, un témoignage précieux de leur reconnaissance. Elles lui ont élevé à leurs frais un monument funèbre.

Toutefois, il n'avait pas beaucoup à se louer de la manière dont il était personnellement traité : «Mes appointements arriérés s'arrièrent encore..... ma place branle au manche, et peut-être sera-t-elle supprimée... Les belles traites qu'on m'avait fait parvenir ont été, comme de raison, de nul effet; ainsi, point d'argent, et un avenir plus qu'incertain. Voilà où en est votre ami pour le moment; il est vrai que, pour dédommagement, il n'a maintenant que dix-neuf personnes à nourrir par jour. » C'est en ces termes qu'il peignait sa détresse, dans une lettre du 27 mai 1814. Mais en même temps qu'il se préoccupait de son sort, il ne restait pas indifférent aux questions d'intérêt général; il conférait avec le préfet « sur les moyens d'étendre la liberté de la presse jusqu'aux limites tracées par les règlements méconnus depuis cinq mois. »

Afin de conserver ses fonctions d'inspecteur de la librairie, G. Peignot fut obligé de quitter Dijon, pour aller les remplir à Troyes, où il se rendit dans les premiers jours du mois de décembre 1814. Il rend compte de son voyage, dans une lette du 4, adressée à son ami Baulmont, où il déplore en même temps le pitoyable assortiment des libraires. Dès le surlendemain de son arrivée, en effet, ses fonctions et son goût l'avaient conduit dans leurs boutiques. Mais quoiqu'il eût reçu à Troyes un excellent accueil, il avait hâte de quitter une ville où il ne voyait que de *vilaines huttes d'Algonquins.* Il partit pour Paris, et, au bout de quelques semaines, il

obtint l'autorisation de permuter avec M. Pelletier
de Chambure, qui exerçait à Dijon les mêmes fonctions. Voici en quels termes ce dernier faisait part
de cette bonne nouvelle aux lecteurs du *Journal de
la Côte-d'Or :*

**L'inspecteur de l'imprimerie et de la librairie à MM. les imprimeurs
et libraires de l'arrondissement de Dijon.**

Dijon, le 2 février 1815.

MESSIEURS,

Par suite de l'arrangement fait avec M. Peignot,
qui était ci-devant inspecteur de votre arrondissement, et que M. le Directeur général, toujours empressé à faire ce qui peut être agréable à ses pré-
posés, a approuvé par sa lettre du 28 janvier, je vous
quitte avec peine pour passer à l'inspection de
Troyes. Mes regrets sont néanmoins adoucis par
l'idée que l'on vous rend M. Peignot, que vous avez
tant de sujet d'estimer; mais j'éprouve, avant de me
séparer de vous, le besoin de vous exprimer combien j'ai été satisfait des rapports que mon emploi
m'a donnés avec vous, et de vous assurer que, dans
ma correspondance avec M. le Directeur général,
j'ai rendu la plus grande justice à votre empressement de vous soumettre aux lois.

Recevez donc, Messieurs, cette nouvelle assu-
rance de mon estime, et comptez que je mettrai au

nombre de mes jouissances celle de faire tout ce qui pourrait vous être agréable.

Recevez, etc.

PELLETIER DE CHAMBURE.

La correspondance de Peignot est muette pendant les Cent-Jours : nous ignorons s'il fut inquiété à raison des opinions politiques qu'il avait manifestées avec une certaine vivacité quelques mois auparavant, et s'il continua d'exercer paisiblement ses fonctions d'inspecteur de la librairie.

Le 28 octobre 1815 (1), il était nommé proviseur du collége royal de Dijon, grâce sans doute à la puissante recommandation du duc de Brissac. On lit, en effet, dans le post-scriptum d'une lettre du 12 août précédent, la seule de cette année qui ait été publiée :

« Le duc de Brissac a la bonté de faire une pétition pour moi, et d'aller lui-même la porter à qui de droit pour m'obtenir une place assez bonne à Dijon. Malgré cela, je suis bien sûr de ne pas réussir, tant je connais l'influence de ma mauvaise étoile. »

On peut juger, par l'activité qu'il déployait dans la direction du collége de Vesoul, des occupations

(1) C'est en 1818 que M. Guillemot et M. D..... placent la nomination de G. Peignot aux fonctions d'inspecteur de la librairie, et c'est en 1815 que, d'après les deux notices auxquelles nous faisons allusion, il aurait été nommé proviseur du collége de Dijon.

que lui imposaient des fonctions plus importantes. Comme alors, il sut faire marcher de front ses devoirs administratifs et ses travaux littéraires. Néanmoins, la part qu'il fit à ses goûts personnels fut assez restreinte pendant cette période, et il ne retrouva le temps nécessaire pour s'y livrer avec plus de suite que lorsqu'il fut investi des fonctions d'inspecteur d'académie. Celles de proviseur le forçaient à s'occuper de mille détails d'administration fastidieux. Nous voyons, par une lettre du 14 septembre 1821, écrite pendant les vacances, que, depuis deux ou trois ans, il lui avait été impossible de faire une visite à ses bons amis de Vesoul. « Il est bien temps, écrit-il, que je sois un peu dégagé des soucis de ma place. Hélas! encore, le souci monte en croupe et galope avec moi. »

Nous trouvons un témoignage curieux de la bonté avec laquelle il traitait la jeunesse, dans un mémoire où un ancien magistrat, M. Jacob, a consigné le souvenir de trois années qu'il a passées à Dijon, sous la direction paternelle de G. Peignot, et dans sa famille, pour ainsi dire. M. Jacob demeurait, avec sa mère, dans un petit bourg du département de l'Aube, où il lui était impossible de terminer son éducation. Il avait dix-neuf ans, et, malgré la résistance que sa mère opposait à ses désirs, il résolut de venir à Dijon, afin de s'y préparer au baccalauréat ès-lettres et d'y suivre les cours de la faculté de droit. Il quitta sa bourgade à l'improviste, sans prévenir personne. Mais il comprit aussitôt qu'il ne

pourrait se faire pardonner son escapade qu'à la
condition de mener une conduite exemplaire et de
se placer sous un patronage bienveillant et sûr. Il
se réfugia, en quelque sorte, dans les bras de
M. Peignot, auquel il vint conter son aventure et
ses projets, en lui demandant l'autorisation de
demeurer au collége pendant la durée de ses
études.

La première visite du jeune étudiant au proviseur, leur entretien, l'exquise politesse de l'accueil
qu'il reçut, tout, jusqu'au ton de voix de son futur
protecteur, est décrit par le narrateur dans les détails
les plus minutieux. La candeur avec laquelle ce
jeune homme inconnu venait faire l'aveu de sa faute
et solliciter un appui toucha l'excellent M. Peignot,
qui lui procura un logement chez un de ses amis.
Mais le trait de son caractère qui frappa le plus
M. Jacob fut le ton de familiarité que prit bien vite
celui qu'il se représentait sous la figure d'un ecclé-
siastique austère ou d'un savant rébarbatif, tout
plein de son mérite.

Jusqu'au dernier moment, G. Peignot remplit,
avec la plus scrupuleuse exactitude, tous les devoirs
de sa charge. Il fut nommé inspecteur de l'académie
de Dijon, le 24 septembre 1821 (1). A la rentrée des
classes, au moment de céder la place de proviseur

(1) M. Guillemot indique l'année 1818. La date de 1821 est fixée
non seulement par la lettre du 12 novembre, mais encore par les
notes qui nous ont été communiquées.

à son successeur, il écrivait, le 12 novembre, à son ami Baulmont : « On a bien raison de dire que rien n'est plus difficile à écorcher que la queue ; c'est bien en effet ce qui m'arrive, en tenant encore par la queue l'anguille que M. Clairin, mon successeur, va empoigner par la tête... Je tiens ferme jusqu'au bout : je ne veux pas que, le jour où je quitterai, l'on puisse dire de moi :

Peignot régnait encor, mais ses mains incertaines
Du collége ébranlé laissaient flotter les rênes.

Ses fonctions d'inspecteur d'académie l'obligeaient à faire des tournées régulières dans les trois départements de la Côte-d'Or, de la Haute-Marne et de Saône-et-Loire. Ces voyages convenaient admirablement aux habitudes et au caractère de G. Peignot. Il aimait la jeunesse et les professeurs qu'il était chargé d'examiner ; il eut bientôt pour amis la plupart des chefs d'institution dont il visitait les établissements, et des fonctionnaires publics qui le recevaient à leur table. Malgré ses plaintes fréquentes, il supportait avec une patience héroïque, assaisonnée d'une intarissable gaîté, les fatigues des voyages qu'il était obligé de faire, dans les voitures les plus incommodes. Il ne se vengeait des exactions des hôteliers qu'en racontant ses mésaventures à ses amis :

« J'ai bien de la peine à me faire à la vie que je mène depuis huit jours ; toujours ou sur la route, ou dans des auberges où la diversité de logement et de nourriture me fatigue et m'incommode..... J'ai passé ma nuit sur des planches improprement appelées matelas, avec de petits draps qui m'allaient à mi-jambes. »

Ces ennuis ne l'empêchaient pas de donner, dans la même lettre, les meilleurs conseils à un jeune bibliothécaire, d'écrire jusqu'à minuit, et d'improviser ces quatre vers imités de Boileau :

Adieu donc! Gabriel, la paupière affaissée,
Sur son pupitre obscur sent sa plume glacée,
Et, las de griffonner, succombant sous l'effort,
Soupire, étend les bras, ferme l'œil et s'endort (1).

Il maudit tour à tour les routes du Châtillonnais, du Mâconnais, et surtout celle de Bourmont à Joinville; il écrit : « Un vieux vermoulu dont la tête blanchie par les hivers succombe sous le poids de soixante-deux perce-neige, n'est plus bon pour courir le monde... Je suis tout disloqué; il me semble que ma cervelle joue sous sa voûte osseuse... etc. »

Cependant il lui reste encore assez de force pour transcrire un impromptu qu'A. Gouffé avait laissé sur sa table à Dijon, où il ne l'avait pas rencontré; il se termine par ce joli trait :

Mais au milieu de ses rayons
J'aurais voulu trouver l'abeille.

---

(1) Lettre du 20 avril 1822.

Il se consolait de ces incommodités en récoltant çà et là quelques bons livres, et surtout en goûtant la société des amis nombreux qu'il avait semés sur sa route :

« Ce n'est pas que mes tournées ne m'offrent, au milieu des fatigues, beaucoup d'agrément. Il est impossible d'être accueilli par des amis avec plus de cordialité, d'épanchement et de preuves du plus sincère attachement. Toutes les villes où j'ai séjourné ne m'ont rien laissé à désirer à cet égard. On vient au-devant de moi; on m'offre logement, chevaux, voiture; je refuse, voulant être chez moi dans les hôtels, mais je n'en suis pas moins sensible à tant de prévenances. Cependant j'accepte quelquefois des chevaux, quand les diligences me manquent pour les traverses, et je ne puis guère refuser quelques repas, ce dont mon estomac murmure quelquefois... (1). »

Il résume ainsi ces alternatives : « Peines du corps, plaisirs du cœur, tout cela se succède, s'amalgame, et fait de l'existence un fardeau supportable.»

Rien n'est plus comique, souvent, que ses doléances ; et ce qui rend cette gaîté de meilleur aloi, c'est qu'elle n'est souvent, de la part de celui qui écrit, que l'expression du sentiment du devoir, qui lui faisait oublier et la maladie et les désagréments qui l'attendaient en voyage :

---

(1) Lettre du 13 mai 1828.

« De mon fauteuil de valétudinaire, il a fallu passer au fauteuil d'examinateur, où, pendant plus de quinze jours, j'ai été planté là à poste fixe, les jambes croisées, à peu près comme un Indou. Puis, ce charmant exercice fini, est arrivée l'agréable invitation de monter en diligence et d'aller pagoder à Chaumont à la tête de la commission d'examen, avec tous les accommodements et jouissances que je venais de goûter à Dijon. Mon séjour à Chaumont a été de huit bons jours ; chaque séance n'a été que de dix à onze heures de suite sans quitter le fauteuil (1). »

Au fond, il ne redoutait pas beaucoup les voyages, car, à l'époque où il était encore proviseur du collége et où rien ne l'obligeait à se déplacer, il avait fait une petite excursion à Lyon. Là, il avait été reçu à bras ouverts par plusieurs bibliophiles. On éprouve, à lire la description qu'il a faite des bibliothèques de ces amateurs, ce même plaisir qu'il a eu à les visiter, et l'on trouve en même temps, dans ses lettres, une preuve de l'extrême modestie avec laquelle il parlait de ses ouvrages :

« C'est surtout le président de l'Académie des sciences qui m'accable d'amitiés et m'a fait voir dans le plus grand détail le musée, les antiquités, la bibliothèque, les cabinets particuliers et le sien propre, qui est charmant.

---

(1) Lettre du 16 septembre 1835.

« Ce monsieur m'a conduit chez le premier amateur de Lyon et peut-être de toute la France pour
la magnificence et le luxe de sa bibliothèque : c'est
M. Coulon. J'ai encore eu là un accueil qui m'a vraiment couvert le front d'une couche d'incarnat....
Tous les grands papiers des auteurs anciens et exemplaires de choix sont habillés par les Bozérian, les
Simier, etc. Jugez, mon bon ami, quelle a été ma
confusion, quand ce Lucullus bibliophile est allé
tirer de ses riches rayons cinq ou six volumes de
mes œuvres et m'a dit : Voilà, M. Peignot, tout ce
que je possède de vous, et je suis très fâché de n'a-
voir pas tous vos ouvrages.... Vos livres sont pleins
de recherches, et je ne conçois pas comment vous
avez fait pour déterrer tout cela en province (1). »

Monseigneur Lecoz, archevêque de Besançon,
qui avait conservé avec G. Peignot une correspondance très active, ne pouvait pas non plus s'expliquer comment un seul homme, toute sa vie éloigné
de Paris, pût réunir tant de science et d'érudition.
« Et Monseigneur Lecoz (ajoute l'auteur de l'article nécrologique du *Spectateur de Dijon*), mort au
commencement de la Restauration, ne connaissait pas
la moitié des ouvrages de M. Peignot. »

La réception dont il fut l'objet à Lyon en 1828,
fut plus cordiale encore ; les bibliophiles les plus
distingués ne le quittèrent pas un instant et le com-

(1) Lettre du 23 octobre 1820.

4

blèrent de présents. « Aussitôt après mon arrivée, M. Péricaud est venu m'assigner un rendez-vous chez lui, à la bibliothèque; c'est là qu'il demeure, avec six mille francs d'appointements. Vous pensez que je n'y ai pas manqué. Tous ces Messieurs s'y sont trouvés et la matinée s'est passée le plus agréablement du monde, dans une conférence littéraire, depuis huit heures du matin jusqu'à deux heures après midi ; le déjeuner n'a nullement interrompu notre causerie bibliographique. Le recteur voulait tous nous emmener à la campagne, mais je n'ai pu accepter, étant retenu par ma famille. Le lendemain, nous avons renoué la conférence, qui a été aussi agréable que la veille. Ces Messieurs m'ont accablé d'amitiés et, de plus, de fort jolis cadeaux en livres, ce dont je suis tout confus (1). »

A son retour, le 20 octobre, il eut encore plus à se louer de la libéralité de ses amis : « .... Mon cœur, ma tête et ma malle en ont jusqu'au couvercle. Il suffit de vous dire que, tous les jours, nous avons passé cinq ou six heures ensemble; ces messieurs m'ont ouvert tous les trésors de la bibliothèque publique et de leurs cabinets particuliers. J'ai recueilli beaucoup de fruit de leur conversation et beaucoup de notes de leurs livres.... Quand les notes à prendre dans les livres de leur bibliothèque étaient trop longues, on me forçait à prendre le volume, et cela

---

(1) Lettre du 1er octobre 1828.

ne s'est pas rencontré une fois, mais sept, huit, dix;
et puis, de combien d'ouvrages modernes ne m'a-t-
on pas gratifié? Enfin une caisse, mon ami, une
caisse.... Et tout cela me met dans un grand em-
barras, car *quid retribuam pro tantis beneficiis* (1)? »

En rappelant ainsi l'accueil dont il était l'objet, il
n'entrait nullement dans sa pensée de faire son propre éloge; il cédait au mouvement de la reconnaissance et il l'exprimait avec effusion. Il était plutôt
disposé à déprécier ses propres ouvrages qu'à leur
attribuer une valeur littéraire exagérée. Ainsi, lorsqu'il envoyait à son ami Baulmont un exemplaire de
ses *Amusements philologiques*, il s'adressait en ces
termes à son livre : « Ton père n'a pas même osé te
nommer, comment veux-tu qu'un homme aussi dé-
licat que l'ami Baulmont donne l'hospitalité à un
bâtard de ton espèce? » Il s'exprime avec la même
candeur dans une lettre à son ami Amanton, homme
de lettres comme lui et son émule : « Il (M. Durand
de Lançon) me parle d'un superbe ouvrage qui a
paru l'an dernier à Londres, sur les *Danses des Morts*,
et qu'il s'est procuré. Il m'a fait rougir jusqu'au
blanc des yeux en me rapportant les passages anglais où l'auteur a eu la bonté de parler de mon
vieux travail sur ces *Danses*; il paraît que cette indulgence bienveillante dont m'honorent mes amis
de France, a traversé la Manche; il est vrai que

---

(1) Lettre du 29 octobre 1828.

messieurs les Allemands m'avaient déjà gâté sur ce point il y a trois ou quatre ans. Un professeur de Genève, pour l'arabe, est passé avant-hier à Dijon, exprès, dit-il, pour me voir, et m'a parlé de toutes mes tristes productions comme s'il les eût faites ; ma foi ! vous avouerez, mon cher ami, que la réputation s'acquiert à bon marché dans ce bas monde.....

« ..... Vous avez dû recevoir, mon cher ami, l'*Essai sur la Reliure antique ;* vous aurez trouvé cela bien sec, bien décousu, bien prolixe ; mais jugez donc que ce petit bambinet a été créé et mis au monde sur l'invitation de l'Académie, au milieu de mes courses universitaires si pénibles, au milieu de la maladie de ma femme..... Ne soyez donc pas surpris, si cette petite babiole bibliopégistique se ressent de la tourmente où était son père quand il l'a jetée en moule, et traitez ce pauvre petit rachitique avec votre indulgence ordinaire (1). »

Il se montrait fort libéral de ses livres, et, dans les carnets qu'il a tenus pendant plus de vingt ans, on lit à de fréquents intervalles une longue liste de savants et d'amis auxquels il faisait hommage de ses productions, au fur et à mesure qu'elles paraissaient. Mais il n'avait pas toujours lieu d'être satisfait de la reconnaissance des auteurs qu'il avait le mieux traités sous ce rapport (2).

---

(1) Lettre du 31 janvier 1834, dans le *Bulletin du Bibliophile* (1863, p. 90, 91).

(2) Il écrivait en effet, sous la date du 23 mai 1842, la note sui-

IV

*Son désintéressement. — Plagiats dont il est victime. — Ses titres acadé-
miques. — Ses opinions politiques. — Caractère général de ses ouvrages.
— Ses relations avec d'autres savants. — Son goût pour les livres. —
Il est mis à la retraite. — Sa vie privée. — Ses derniers vers. — Sa mort.
(1821-1849).*

En parcourant de l'œil ses ouvrages, on peut se
convaincre du soin avec lequel il en surveillait l'édition ; l'un des premiers, il fit faire des tirages sur divers papiers de la plus belle qualité, chose fréquente
aujourd'hui de la part des éditeurs intelligents. Il
revoyait les épreuves avec une attention scrupuleuse;
il voulait de belles marges, de beaux caractères. Mais
ses goûts de bibliophile, ce sentiment de coquetterie
une fois satisfaits, G. Peignot gratifiait ses amis de
tous les exemplaires dont il pouvait disposer, et son
amour-propre d'auteur n'était fatigant pour personne. Il se faisait imprimer avec plaisir, puis il faisait assez bon marché de ses intérêts et ne se préoccupait que médiocrement des emprunts que des
publicistes peu délicats pouvaient faire à ses livres. Il

---

vante : « D'après la manière dont j'ai reçu M..... et après lui avoir
donné un exemplaire de mes trois ouvrages, les *Singularités*, le
Predicatoriana, la *Danse des Morts*, et lui avoir procuré les derniers
volumes des *Mémoires* de notre académie, c'était bien le moins
qu'il me donnât un des quatre exemplaires de sa ..... qu'il remporte
à B..... C'est un grigou, un vantard... »

lui est arrivé une seule fois de rappeler, avec une
sorte de regret, à son ami Baulmont, que son volume
des *Amusements philologiques,* tiré à 2,000 exemplaires, ne lui avait rapporté que 600 francs; la presque totalité de l'édition avait été épuisée au bout de
deux ans (1).

Il s'exprime avec une certaine vivacité dans une
lettre du 9 février 1829, sur les plagiats dont il était
victime; il s'agissait d'une notice de G. Peignot
qu'un éditeur s'était appropriée : « Il a cru sans
doute qu'il y avait prescription ; mais son impudeur
est comme les grandes fêtes de l'année, double ma-
jeure, puisqu'il est venu lui-même m'apporter un
exemplaire de l'ouvrage, en me remerciant beaucoup. Quelle délicatesse !.... »

« Un autre coquin de Paris vient de publier un
petit livre sur les emblèmes des fleurs et autres,
qu'il dit, dans sa préface, lui avoir coûté beaucoup
de recherches pénibles ; et ce Cartouche a copié littéralement une trentaine de pages de mes *Amusements philologiques* pour en faire un in-32. Il me
tarde bien qu'on établisse une gendarmerie littéraire
pour la lâcher dans cette forêt de Bondy qu'on appelle la République des Lettres. »

Il finit par en plaisanter, en rappelant dans le catalogue de ses ouvrages imprimés les spoliations du
même genre dont il avait eu à se plaindre :

(1) Lettre du 12 juillet 1826.

« J'ai trouvé dans le discours préliminaire du VIIe volume des *Siècles littéraires de la France* (Paris; 1803, in 8°), trente à quarante pages de mon *Dictionnaire de Bibliologie*, copiées (sans me nommer) avec une exactitude si admirable, qu'on y a précieusement conservé toutes les fautes typographiques et celles de mon fait qui pouvaient s'y rencontrer ; jamais je n'en ai dit un mot.

« Un anglais, M. Thomas Hartwell, m'a fait l'honneur de mettre à contribution mon *Dictionnaire* et mes autres ouvrages de bibliographie pour en composer son *Introduction to the study of bibliography,* etc., London, 1814, 2 vol. in-8°.

« J'ai su encore par les journaux que, sans m'en douter, j'avais fourni un copieux contingent à un ouvrage, publié à Paris en 1827, sur les bibliothèques anciennes et modernes, 1 vol. in-8°. Je n'ai pas l'honneur de connaître l'auteur qui a préféré une correspondance directe avec mes essais bibliographiques, qu'il a sans doute pris pour des anonymes.

« Un assez long fragment de mes *Recherches sur le luxe de Cléopâtre* figure dans un charmant recueil à l'usage des dames, que je ne connais que par l'exemplaire que m'a communiqué un de mes amis.

« Je pourrais citer beaucoup d'autres gentillesses de ce genre ; mais je serais un ingrat si je m'en plaignais. J'ajouterai seulement que, de tous mes faibles écrits, ce sont mes *Amusements philologiques* qui ont été le plus dépecés ; de tous côtés, j'en ai retrouvé des lambeaux plus ou moins longs. On a eu beau les faufiler parmi d'autres rapsodies du même genre, je les ai reconnus au premier coup-d'œil, et jamais je n'ai été tenté de crier au voleur. »

C'est pendant les six années qu'il a consacrées à la direction du collége de Dijon, qu'il a le moins écrit; les deux ouvrages les plus importants qu'il ait publiés pendant cette période sont le *Traité du choix des Livres* et l'*Essai sur la Lithographie,* qui ne peuvent entrer en parallèle avec les *Danses des Morts* et ses *Recherches sur la personne de Jésus-Christ.* Ses fonctions d'inspecteur d'académie lui laissèrent plus de loisirs; il retrouva même, un instant, sa verve poétique pour écrire quelques vers sur un album:

A M. DE LA B.....

Le 22 janvier 1825.

Depuis vingt ans, ayant quitté la lyre,
Plus n'espérais en tirer moindre son;
Vous paraissez! la reprends pour vous dire
Qu'avec grand'joie inscris ici mon nom.
Puisque amitié fait un petit Parnasse
De ce charmant et curieux album,
En dépit d'Apollon, je veux, y prenant place,
Entre vos bons amis rester *in œternum.*

Nous avons pareillement retrouvé dans son portefeuille quelques vers qui nous ont paru remonter à une date antérieure, et dont la facture laisse à désirer; mais il s'agit sans doute d'un impromptu composé à l'occasion de la fête d'un ami du nom de Samson:

Or écoutez, femm's et garçons,
L'histoire de Messieurs Samsons :
L'un est très connu dans la Bible
Par sa force et son air terrible ;
L'autre me paraît un luron,
Bien nourri comme son patron.

L'un, afin d'être des plus forts,
Sans eau vidait maints rouges-bords ;
Le nôtre se montre plus sage :
D'eau quelquefois il fait usage,
Et ce régime ne nuit point
A sa mine, à son embonpoint...

De bonne heure, l'Académie des sciences, arts et belles-lettres de Dijon, l'avait nommé membre résidant ; en 1818, il avait été élu vice-président. Il faisait partie, depuis l'année 1806, de celle de Besançon, et depuis l'an XIII, de la société d'agriculture de la Haute-Saône et de l'Académie celtique de Paris. Il appartenait en outre aux sociétés savantes de Lons-le-Saunier et de Mâcon.

Le 14 décembre 1831, il fut nommé président de l'Académie de Dijon, et il occupa le fauteuil pendant quatre ans, jusqu'au 16 décembre 1835. Nous transcrivons ici la petite allocution qu'il prononça en prenant possession de sa présidence :

Messieurs,

« Lorsqu'à la dernière séance, vos suffrages m'ont appelé à l'honneur de vous présider, j'ai éprouvé une surprise égale à la reconnaissance dont m'a pénétré ce haut témoignage de votre bienveillance. Je dis surprise, Messieurs, car, comment pouvais-je m'attendre à une telle faveur, moi qui, par goût et plus encore par de justes motifs, me suis condamné à une retraite qui me plaît et me convient à tous égards?

« Ce sont ces habitudes d'une vie retirée qui ne me laissaient aucun doute que vous porteriez vos suffrages sur tout autre de nos confrères beaucoup plus en état de remplir cette importante fonction. Vous en avez autrement décidé ; vous m'avez honoré de votre choix. Vous avez plus fait, vous avez rejeté mon instante prière de porter ce choix sur un autre... J'obéis, Messieurs ; mais si je cherche la cause d'une telle faveur, je ne puis l'entrevoir que dans la certitude que vous avez de mon entier dévouement à l'Académie et de mes sentiments affectueux pour chacun de vous en particulier. Cependant, je ne puis me défendre d'un certain effroi, en songeant à quelles fonctions vous daignez m'appeler ! N'est-ce pas à ce poste que, jusques à ce moment, et surtout en dernier lieu, vous êtes habitués à voir briller la vertu, les talents, l'urbanité, enfin toutes les qualités propres à rehausser le chef d'un corps littéraire et à jeter le plus grand éclat sur le corps lui-même ? Comment ne tremblerais-je pas, en abordant un siége qui rappelle tant d'honorables souvenirs ? Une seule chose peut me rassurer. Vos suffrages appellent à me suppléer, en cas d'absence, le respectable et cher collègue que la seule rigueur du règlement a privé de la présidence. En outre, le même scrutin continue au bureau sous un titre plus positif (celui de secrétaire au lieu de secrétaire adjoint), un collègue dont le mérite, les connaissances et l'activité vous sont déjà connus et justifient le choix que vous en avez fait.

« J'ose donc, avec de tels appuis, et comptant sur cette indulgence que vous avez bien voulu me témoigner en diverses occasions, et que je vous prie de me continuer, j'ose donc reprendre un peu courage; et, soutenu par le sentiment de la reconnaissance, je puis vous assurer, Messieurs, de tous mes efforts pour répondre à la confiance dont vous avez bien voulu m'honorer. »

Il fit, en qualité de président, deux autres allocutions, de trop peu d'importance pour être reproduites ici, lors de l'élection de M. Hubert, inspecteur d'académie, et de M. Arthur, professeur de physique.

Il se montrait peu disposé à sacrifier ses doctrines et ses goûts littéraires pour se faire admettre dans une société savante : il proteste dans une de ses lettres contre le bruit qui avait couru, qu'il allait être enrôlé dans une académie composée de *romantiques,* (ce drapeau divisait alors les meilleurs esprits plus qu'on ne peut le comprendre aujourd'hui). « Vieux routinier, écrit-il, je m'en tiens aux classiques, que je trouve assez riches d'expression pour moi. » G. Peignot était, en effet, comme le dit M. Honoré Bonhomme, un classique pur et impitoyable, sinon un partisan *féroce* de la forme des anciens.

Nous avons déjà fait quelques allusions à ses opinions politiques. Il ressemblait à un grand nombre d'hommes de son époque, qui, après avoir vu le noble essor de 1789 détourné de sa voie, puis les orgies du Directoire succéder aux fureurs de 1793, et enfin les désastres de 1814 et 1815 mettre en péril les impérissables conquêtes accomplies dans l'ordre civil et politique, se sentirent atteints d'une incurable lassitude. Il lui était resté de ces épreuves une grande modération, *qui connaissait les bornes et les limites de tout* (1), la crainte des secousses profondes; tout gouvernement pacificateur qui annonçait l'intention de raffermir l'ordre moral et politique ébranlé, devait trouver en M. Peignot un serviteur dévoué et sincère. Toutefois, cette modération ne ressemblait pas à de l'indifférence; il avait conservé la mémoire du passé et l'amour du bien, et à l'époque où les entraînements étaient le plus périlleux, en 1830, il salua le gouvernement nouveau en publiant l'histoire de la maison d'Orléans, sans dénigrer le pouvoir qu'il avait remplacé.

Sans doute, il avait eu le tort grave, dans la *Petite Franciade,* de raconter, en un style irrévérencieux et burlesque, les événements les plus tragiques de notre histoire. Il y flétrit du moins, quoique sous une forme peu convenable, les vertus équivoques

_____

(1) Thomas, cité par M. Sainte-Beuve, à propos de Saurin.

des uns et les crimes des autres. C'est la Discorde
qui parle :

> Allons trouver dame Licence ;
> Elle a beaucoup de ressemblance
> Avec cette fière beauté
> Qu'on appelle la Liberté.
> En main je lui mettrai la pique,
> Au-dessus sera le bonnet...

D'ailleurs, dès l'année 1806, il écrivait dans le
discours préliminaire qui précède son *Dictionnaire
des livres condamnés :*

« La fin du dix-huitième siècle, de ce siècle de
lumières, a-t-elle été plus heureuse ? Après la fatale
expérience des révolutions religieuses et politiques,
arrosées du sang de nos ancêtres et de celui de nos
contemporains, qui fume encore, sommes-nous plus
vertueux, moins frivoles, moins inconséquents, plus
disposés à sacrifier l'intérêt particulier à l'intérêt
public, plus attachés à la patrie que nos aïeux ? »
Voilà la saine morale, qui tient plus de compte de
l'homme lui-même, de ses vices ou de ses vertus,
que des formes politiques.

Nous avons déjà dit dans quelle disposition d'esprit il se trouvait au moment de la chute de l'Empire : il avait trop d'expérience pour se faire illusion
sur les difficultés incessantes que rencontrait le
gouvernement, et sur l'issue de la lutte sourde en-
gagée entre la Restauration et la Révolution. Nous
ne trouvons, dans sa correspondance, aucune allusion à la crise de 1830. Il dédia au duc de Pen-

thièvre son *Précis historique, généalogique et littéraire de la maison d'Orléans;* mais il fit preuve, dans cet écrit, d'une impartialité qu'il était difficile aux esprits les plus modérés de conserver à cette époque. Dans sa notice sur Philippe-Egalité, il n'a rien dissimulé, et il put écrire dans son introduction : « Ces notices ne sont point une œuvre d'adulation, parce que nous avons toujours pensé qu'un prince digne de régner est bien au-dessus des vaines louanges dictées par la flatterie et la cupidité, ou de ces diatribes infâmes, de ces calomnies absurdes, fruit d'une imagination en délire ou d'une ignoble méchanceté. » Il y témoigne de son dégoût pour les pamphlets dont on flétrit le souverain tombé. « Sur Charles X, dit-il, j'ai compté plus de quarante ouvrages, ou plutôt opuscules d'une louange souvent excessive à son avènement au trône ; et dans ce moment, le cœur se soulève à l'idée des ordures vomies contre lui et contre sa famille par de sales et odieux pamphlétaires.

« Tout s'imprime *ad libitum,* journaux, pamphlets en prose ou en vers, chansons, placards, pièces de théâtre; tout cela, après avoir circulé dans la capitale, court aussi librement de Paris au fond de nos provinces que le choléra-morbus de l'Inde au fond du nord (1). »

Il a tracé, des premières années qui suivirent, un

---

(1) *Essai historique sur la liberté d'écrire* (Paris, 1832), p. 111.

tableau assez piquant, qui donne la mesure des illusions de l'auteur sur la moralité des hommes politiques et sur les caprices de la popularité :

« Il arriva que tout le monde, reveillé au cri de
la liberté (quand je dis tout le monde, c'est-à-dire
la partie la plus active du monde), poussa fortement à la roue pour pousser au-delà des mers ceux
qui, depuis quinze ans, avaient repris le timon des
affaires. On y réussit promptement; mais quand ils
furent partis, il fallut bien songer à mettre quelqu'un
ou quelque chose à leur place. Les uns étaient pour
quelqu'un, les autres pour quelque chose. Enfin,
après certains débats qui ont eu lieu près de la place
de Grève, et où d'aucuns furent, dit-on, eniaisés ou
dupés par de telles promesses que le diable, tout
républicain qu'il est, n'a pas encore pu articuler, on
se décida pour quelqu'un, c'est-à-dire pour un roi
plus constitutionnel que les autres...

« Quand tout cela fut fait, chacun voulut prendre
place et s'asseoir dans ce nouvel ordre de choses;
mais la foule était grande et les tabourets peu nombreux (1). »

Le meilleur éloge, du reste, que l'on puisse faire
du peu d'ambition et de la réserve de G. Peignot,
c'est qu'il n'obtint aucune des faveurs qu'obtiennent
trop souvent des écrivains qui savent employer à
propos leur plume au service de leur ambition per-

---

(1) *Histoire morale, civile, politique et littéraire du Charivari*,
p. 220-228 (Paris, 1833).

sonnelle. Il est très extraordinaire qu'après quarante ans de services dans l'instruction publique,
homme de lettres, érudit considéré, il n'ait pas ob-
tenu la décoration de la Légion-d'Honneur.

« Comment, s'écrie l'auteur de l'avant-propos qui
précède la publication des lettres à Amanton : comment ! voilà un homme qui a passé sa vie à lire, à
méditer, à composer des livres pour d'autres que
pour lui ; qui a vanné, trié, épluché, sassé et ressassé
la poussière des bibliothèques pour en extraire quelques paillettes d'or... un homme qui a écrit plus de
cent volumes et enrichi du fruit de ses recherches
la plupart des branches des connaissances hu-
maines... et cet homme, après une carrière aussi
utile, aussi laborieusement remplie, n'a pas trouvé
grâce devant ses propres concitoyens !... »

Au surplus, il réduisait sa tâche littéraire et ses
travaux à une mesure bien modeste. Il pratiqua
toute sa vie les maximes qu'il s'était tracées ; on croit
lire son portrait dans celui du bibliothécaire modèle
qu'il a reproduit, d'après Parent, dans son *Dictionnaire raisonné de Bibliologie* :

« Il n'est le prêtre d'aucun culte, le ministre
d'aucune secte, le chef d'aucune faction, l'initié
d'aucune coterie, l'adepte ou le candidat d'aucune
académie, le partisan idolâtre d'aucun système... Il
se doit à une jeunesse curieuse et avide d'instruction, pour qui il sera un guide sûr et affable qui la
conduira vers les sources les plus pures et les plus
abordables...»

Il était infatigable au travail : ses carnets nous le montrent, chaque jour, levé avant cinq heures du matin, installé dans sa bibliothèque, lisant ou écrivant : malheureusement il n'a pu concentrer tous ses efforts sur un seul objet, y donner tout son temps. Mais il avait manié, lu et décrit un trop grand nombre d'ouvrages ; il avait connu de bonne heure toutes les tentations auxquelles peut entraîner la passion des livres. Esprit facile, disposé à tout admirer et à tout aimer, il se laissa successivement tenter, tout en restant fidèle à la bibliographie, par l'histoire, par l'antiquité romaine, par l'étude comparée des langues, par l'histoire des mœurs et celle de notre littérature, par la curiosité enfin... Une coutume bizarre, une anecdote, lui mettait la plume à la main ; mille détails accumulés dans les notes innombrables qu'il avait tirées de ses lectures, l'assiégeaient, se pressaient sous sa plume ; de là tant d'opuscules ingénieux, où il a répandu plus d'agrément que n'en comportait la matière. On l'a dit souvent : les érudits éprouvent le besoin de se distraire de leurs longs et pénibles travaux par quelque débauche d'esprit qui les délasse et qui les dispense de se condamner à un repos incompatible avec leur humeur. Après avoir instruit, G. Peignot voulait amuser, comme ferait un professeur, ami de ses élèves, qui, après une classe hérissée de grec et de latin, se plairait à égayer les dernières heures de la leçon, *pabula parva, legens, nidis loquacibus escas.* D'ailleurs, il se défiait beaucoup trop de lui-

5

même, et tout pénétré des beautés souveraines qu'il goûtait mieux que personne dans les modèles, il se sentait découragé à l'avance, et n'eût pas osé entreprendre une œuvre littéraire proprement dite. Il exprimait déjà cette pensée, dans une épître adressée au général Vergne, en 1800 (1):

De marcher sur leurs pas je voudrais essayer,
Mais hélas! je me sens encore à la lisière :
Non, la langue des dieux ne m'est pas familière;
Heureux si je pouvais au moins la bégayer.

Il s'est ainsi, de bonne heure, interdit les ouvrages de longue haleine, bien qu'il sût préparer un plan dans toutes ses parties, et qu'il fût plus capable que beaucoup d'autres de le remplir. Il n'a pas porté ses visées assez haut ; il a trop sacrifié à l'enjouement, à la singularité, et il a laissé sa vaste érudition se répandre en mille ruisseaux qui n'ont pas fait un fleuve. Il a ainsi perdu de vue le sage précepte de Sénèque, qu'il recommandait à ses lecteurs : « Qui, quo destinavit pervenire, vult, unam sequatur viam, non per multas vagetur : non ire istud, sed errare est. »

Cette habitude de la retraite et son assiduité à l'étude, qui donnent quelquefois aux savants une humeur chagrine et sauvage, ne l'avaient pas, loin de là, rendu insociable. La douceur de son caractère, son urbanité parfaite, lui avaient fait de nombreux amis ; il n'a jamais blessé personne dans ses écrits

(1) *Bagatelles poétiques*, Epître I.

ou dans ses propos, et, de tout temps, il a évité les querelles littéraires. Son talent précoce pour l'épître et l'impromptu l'avaient fait soupçonner d'être l'auteur de quelques pièces satiriques; mais il a repoussé aussitôt cette accusation par ces vers, qui datent de 1790 :

> Habitant du Parnasse, en vain chacun m'accuse
> D'avoir, en certains vers forgés négligemment,
> Sans réserve attaqué ton honneur et ta muse,
> Moi qui fus le premier à louer ton talent.
> Ah! si jamais les dieux amis de la satire
> M'avaient pour ce métier donné la moindre ardeur,
> D'un enfant d'Apollon critiquant le délire,
> J'aurais avec grand soin respecté son honneur...
> . . . .
> Mais, lorsque je jouis du plaisir de te lire,
> Je ne puis qu'applaudir, t'aimer et te le dire (1).

Lorsqu'un savant français ou étranger venait le voir à Dijon, G. Peignot lui donnait toutes ses heures et lui offrait une cordiale hospitalité ; il le promenait, l'accompagnait dans les bibliothèques et chez les libraires, l'entretenait de leurs goûts communs, et le laissait charmé de son inépuisable complaisance et de son étonnante mémoire. C'était, en 1827, M. Bourdillon, le baron de Zach, amateur d'astronomie, M. Matheley, l'elzévirien; d'autres fois, M. Raynouard, M. Speyer-Passavant, M. Mazères, et, plus fréquemment, M. Weiss, Ch. Nodier....

(1) Epître VIII, *A un jeune Poète.*

« C'est notre bon, notre excellent M. de Villeneuve (écrit-il le 5 avril 1833), qui arrive de Nice.... Nous avons bouquiné....; il m'a montré un Alain Chartier qui vaut de l'argent; c'est une édition du XVI° siècle fort estimée. Enfin nous avons jasé bibliothèque, bouquins, pendant une bonne heure; comme il doit passer quelques jours ici, il ne veut pas que j'aille le voir, mais il veut venir encore causer avec moi, se trouvant plus à son aise dans mon nouveau cabinet. »

« J'ai eu des hommes de lettres parisiens ces jours-ci : M. Berthevin, qui est un érudit et un magasin à anecdotes; puis M. Hippolyte de La Porte, qui a fait beaucoup d'articles de bibliographie. Ces messieurs courent après des autographes (1). »

Il se donne la satisfaction de raconter comment son ami, M. Weiss, s'est trompé sur le prix de quelques livres : « Weiss est bien autrement attaqué que moi de la fièvre bibliomanique; il rapporte de Paris 900 volumes; il en a encore acheté un à Dijon pour 150 francs, sur quoi il a été attrapé de 40, à sa grande surprise, car il s'y connaît et lui-même avait fait le prix. »

G. Peignot était trop possédé de la même fièvre, pour blâmer chez ses amis ce plaisir de collectionner; ses carnets sont remplis de notes relatives à des acquisitions de bouquins presque quotidiennes. La

---

(1) Lettre du 3 octobre 1831.

modicité de ses ressources, en l'empêchant de donner libre carrière à ses goûts, donnait aux livres l'attrait du fruit défendu et ajoutait une certaine saveur aux jouissances qu'il se procurait çà et là. Une vente à lieu; il écrit à son ami Baulmont : « Je n'y ferai pas grande poussière, et, pour éviter la tentation, je n'irai pas à la vente, ou j'irai fort peu et par pure curiosité.... Cependant je couche en joue le beau Cicéron de Lefèvre en trente volumes; mon cabinet s'enrichit, mais le diable me fait les cornes au fond de ma bourse (1). » Et cependant il venait d'acheter plus de trente volumes de choix.

Dans les dernières années de sa vie, il s'encombrait chaque jour d'acquisitions inutiles, et si des bouquinistes peu délicats abusaient de sa faiblesse, d'autres, plus honnêtes, reprenaient sous main de sa famille les livres qu'il croyait avoir achetés.

Cette passion immodérée était assez exclusive pour lui faire perdre le désir de posséder d'autres objets précieux qui auraient mérité de figurer avec honneur dans les cabinets les plus riches. Ainsi nous trouvons la note suivante sur son carnet, à la date du 5 novembre 1838 : « Arrivée de C. M., capitaine de spahis; il m'a donné un Koran en arabe à son dernier passage, ainsi que des pierres. Aujourd'hui, il me donne un drapeau qu'il a pris près de la Casba du dey, à Constantine. Il m'a aussi apporté deux très

---

(1) Lettre du 21 février 1821.

beaux sabres : l'un est celui donné par Napoléon à
Masséna ; l'autre a été donné par M. de S. C. au
père de M. — C. *me les donnait d'abord, ce dont je
n'ai nul besoin.* »

Au surplus, il faisait passer avant l'amour des
livres le culte de l'amitié et du foyer domestique. A
Valence, où il fit un voyage en 1828, il gémit, il est
vrai, sur l'absence de toute espèce de ressources
bibliographiques. Ne pas rencontrer un seul exemplaire d'Horace dans une ville de quinze mille âmes !
ne pas trouver « cette liberté précieuse de bouqui-
nailler tout à son aise dans un petit cabinet soli-
taire ! » Cependant, malgré cette pénurie, il ne perd
rien de son humeur aimable, il se loue de la cordialité, de l'accueil qu'il reçoit, de la bonne grâce des
dames, et il se prête à toutes les distractions, à toutes
les fêtes qu'on lui ménage.

La mort d'un ami l'émeut profondément et lui
arrache des expressions qui ne seraient pas dépla-
cées sous la plume de Cicéron ou de Pline-le-
Jeune :

« Nous vivons dans nos amis comme ils vivent en
nous ; nous n'avons, pour ainsi dire, entre amis,
qu'une âme, qu'un esprit, qu'une pensée.... Quand
nous perdons ces bons amis, n'est-ce pas descendre
petit à petit, par lambeaux, dans la tombe ? En vérité, à la mort de chaque personne qui m'intéresse, il
me semble sentir une partie de moi-même qui s'en
va ; c'est un à-compte sur la destruction totale. Mais
hélas ! j'en ai déjà bien payé de ces à-comptes, et de

terribles : je sens, à mon affaiblissement progressif,
que le capital est déjà fortement échancré (1). »

Et plus tard : « Voyez ce que c'est que la vie ! Oh!
que l'on paie cher le triste privilége de la prolon-
ger ! Tout tombe autour de vous, et chaque chute
est un coup de cognée qui vous avertit qu'à votre
tour vous ne tarderez pas à joncher la terre, quoique
les branches de l'arbre conservent encore quelque
feuillage…. Et vous, mon cher ami, commencez-
vous à vous habituer un peu à la privation de notre
pauvre Ferdinand ? Il est toujours présent à ma pensée, et souvent, dans le silence de la méditation, il
me semble qu'il m'appelle à lui (2). »

Dans ses lettres à son ami Baulmont, G. Peignot
s'abandonne et se livre tout entier ; si fatigué qu'il
soit, au milieu de ses tournées d'inspection, il trouve
le moyen d'écrire, sur une table d'auberge, quelques
lignes émues ou plaisantes. Est-il rien, par exemple,
de plus charmant que cette réponse à une invitation
à dîner, par laquelle nous terminerons nos citations
sur ce sujet de l'amitié, inépuisable sous sa plume?

« Vous m'avez invité à dîner pour jeudi, chez
Bobilier, avec le colonel ; me voici, et je vous pro-
mets que, depuis cinq heures jusqu'à huit, je serai
avec vous tous, plus spécialement encore qu'à l'ordinaire. Je ne tiendrai pas beaucoup de place à table.

---

(1) Lettre du 3 avril 1818.
(2) Lettre du 28 avril 1839.

Mais il en faut si peu pour le cœur! Et le mien, comme un sylphe, volera autour de vous ; il vous portera grande santé, à charge de revanche... (1). »

On nous pardonnera d'insister sur ces qualités du cœur, trop peu connues des lecteurs, mais qui se déployaient à l'aise dans le cercle de la famille et des amis.

On se représente volontiers cet érudit enfermé dans sa bibliothèque, où il se peint lui-même « le bout du pied sur son chenet, où son chat et son chien de cuivre, plantés sur leurs pattes de devant, lui tiennent lieu de petits dieux pénates. »

Sa correspondance et les notes qu'il écrivait, jour par jour, sur ses carnets, nous initient à ses habitudes journalières, à ses joies comme à ses chagrins domestiques. Il avait établi auprès de lui son fils Gabriel, avocat à Dijon, et sa fille, Mlle Claire Peignot, mariée à M. Monnier, avoué près la Cour impériale. Il était, de la part de tous ceux qui l'entouraient, l'objet de toutes les attentions et de tous les respects que méritaient son âge et la bonté qu'il leur témoignait. La fête de chacun des membres de cette famille, si unie, était marquée par l'échange de quelques présents dont M. Peignot ne manquait pas de tenir note. Il exprimait, en deux mots, un sentiment affectueux de paternelle reconnaissance, lorsque ses enfants lui offraient un bouquet. Une seule

---

(1) Lettre du 7 janvier 1829.

fois, il s'est trouvé seul, en tête à tête avec sa femme, pour célébrer la fête des Rois ; il rappelle que dans une autre circonstance, il a oublié le jour de la fête de sa femme, et que cette omission a été un véritable chagrin pour lui et pour les siens.

On trouve, en même temps, dans ses carnets, des preuves fréquentes de son désintéressement, qui, sans les précautions que prenait sa femme, eût réduit le ménage à un véritable dénuement. Un professeur, un instituteur dans le besoin, ne passait pas à Dijon sans recevoir de lui quelque aumône ; plus d'une fois, des gens dont il suspectait la bonne foi ont abusé de sa confiance, et il notait, avec une bonhomie parfaite, qu'il était leur dupe.

Autant ses enfants mettaient d'habileté à lui faire accepter des présents utiles d'objets de première nécessité, tels qu'un vêtement, du vin, autant il mettait de délicatesse à s'y soustraire, sans pouvoir toujours y réussir.

Ses amis, de simples connaissances, ne passaient pas à Dijon sans qu'il les reçût chez lui et ne remplît à leur égard tous les devoirs de l'hospitalité. Il leur prêtait même de l'argent, et, en revanche, son fils était plus d'une fois obligé de lui faire des avances, dont il faisait le décompte avec un soin scrupuleux.

A la fin de sa carrière, il ne lui restait rien de sa fortune personnelle, et cependant il n'avait pas renoncé à ses habitudes de générosité ; il n'hésitait jamais, par exemple, entre le plaisir de donner libéralement ses ouvrages à ses nombreux amis et l'ar-

gent que lui offrait son éditeur en échange des nombreux exemplaires qu'il s'était réservés pour en faire
présent.

Il continuait à remplir avec zèle ses fonctions d'inspecteur d'académie, lorsqu'il fut informé, le 22 septembre 1838, par le *Journal de l'Instruction publique*,
qu'il était admis à faire valoir ses droits à la retraite,
aux termes d'un arrêté du 18 du même mois. « Coup
de foudre, dit-il dans ses notes, dont je vais faire
part à Gabriel et à M. Berthot (le recteur). L'un et
l'autre en sont aussi étonnés que moi. »

On s'explique difficilement qu'une décision aussi
grave ait été prise à l'égard d'un membre de l'Université qui honorait le corps auquel il appartenait,
sans qu'on l'y eût préparé avec les ménagements
dus à son âge et à son caractère. Aussitôt que le ministre d'alors, M. de Salvandy, eut été mis à même
de juger à quel point sa position était digne d'estime
et d'intérêt, il tempéra, autant qu'il était en lui, ce
qu'il y avait de rigoureux dans cette mesure. Indépendamment du titre d'inspecteur honoraire, on
accorda à M. Peignot la faculté de conserver pendant plusieurs mois le logement qu'il occupait dans
les bâtiments de l'Université, et sa pension fut li-
quidée à la somme de 3,000 francs, égale au chiffre
du traitement d'activité dont il jouissait en dernier
lieu.

A la différence de bien des fonctionnaires qui, en
cessant leurs occupations habituelles, semblent perdre toute activité et toute énergie, G. Peignot con-

tinua à se livrer avec la même ferveur aux travaux qui avaient fait l'ornement de sa carrière et de ses loisirs. Ses carnets, dont les notes deviennent dès lors moins sommaires, donnent, jour par jour, l'indication de ses lectures et des écrits auxquels il s'appliquait pendant la plus grande partie de ses longues journées. C'est en 1841 que parurent le *Livre des Singularités* et le *Predicatoriana ;* l'année suivante, il donna la troisième édition des *Amusements philologiques.*

Sa vie fut plus uniforme que jamais ; elle ne présente d'autres hors-d'œuvre qu'un voyage à Montbrison et quelques excursions à Vesoul. Ses distractions se bornaient à de fréquentes promenades à Talant et à la Montagne, où ses enfants passaient la belle saison. S'il se permet d'aller voir les marionnettes ou les saltimbanques, il le note fidèlement sur ses carnets. On y suit d'ailleurs, pendant ses dernières années, l'affaiblissement de ses facultés auxquelles l'âge ôtait peu à peu leur ressort. Autant, dans les années précédentes, on y devine un esprit ouvert à toutes les impressions, notant avec intérêt soit les incidents d'une fête de village, soit les prodiges accomplis par l'industrie, autant, sur la fin, on sent que celui qui écrit fléchit sous le poids de l'existence. Il ne dissimulait pas à ses amis cette satiété de la vie, ce marasme qu'il ne peut secouer :

« Je ne sais vraiment, écrivait-il dès l'année 1841, quel maudit marasme s'est emparé de ma pauvre cer-

velle depuis que le 75ᵉ hiver l'enveloppe de son froid
réseau. Il me semble que ces trois quarts de siècle
m'étouffent au moral, tandis que le physique se soutient assez bien (1). »

Et plus tard : « La mémoire faiblit, le travail de-
vient moins facile et la moindre besogne m'épou-
vante. Concevez-vous ce dépérissement moral? J'en
cherche la cause, et je ne la trouve que dans le chagrin que m'a causé la perte de ma petite-fille,
Madame Fauré, qui était toute la joie, tout le bonheur de Mélanie et de Prieur, ainsi que de ma femme,
qui ne cesse de la pleurer (2). » Les *Acta diurna*
renferment les mêmes plaintes. Sa dernière lettre à
M. Baulmont est du 11 novembre 1845. « En 1847,
dit son fils, cette altération notable de ses facultés
avait fait de si grands progrès, que, dans les derniers
mois de son existence, il semblait reconnaître à peine
ses meilleurs amis. » Il s'éteignit le 14 août 1849, à
l'âge de 82 ans, au milieu des siens, sans souffrance
apparente.

Dans la plupart de ses ouvrages, on trouve l'expression des sentiments religieux qui l'animaient et
qui, dans les dernières années de sa vie, ont été son
soutien et sa consolation. A cet égard, nous avons
trouvé, dans un de ses carnets, une phrase écrite de
sa main en 1824, et qui nous a paru renfermer une

(1) Lettre du 27 novembre 1841.
(2) Lettre du 27 novembre 1843.

allusion évidente à son caractère personnel : « Sa religion penche vers l'indulgence et la douceur, comme il arrive à tous ceux dont la pieté est encore plus de croyance que de pratique. »

Nous ne pouvons mieux terminer cette notice qu'en transcrivant les stances que M. Peignot paraît avoir composées dans sa vieillesse et qui sont la peinture fidèle de ses sentiments, de son genre de vie et de son caractère :

> Le sort que me départ ta volonté suprême,
> Être puissant et bon, comble tous mes souhaits,
> Et, maître de choisir, j'aurais choisi le même :
> Je te rends, ô mon Dieu, grâce pour tes bienfaits.
>
> Des livres à mon goût, dans mon coin si modeste,
> Remplissent mes rayons; un humble coffre-fort
> Suffit à mes besoins, les pauvres ont le reste;
> Mais ma bibliothèque est mon plus cher trésor.
>
> Sain de corps et d'esprit, j'ai des amis sincères;
> L'étude me distrait sans jamais me lasser;
> Comptant du jour natal beaucoup d'anniversaires,
> Je vois, sans nul regret, mon terme s'avancer.
>
> Convive passager au banquet de la vie,
> Je sais qu'il faut bientôt au monde dire adieu;
> A renaître en ton sein ta bonté me convie,
> Et mon cœur en nourrit l'espérance, ô mon Dieu!

DEUXIÈME PARTIE

Examen des ouvrages de Gabriel Peignot.

I

Est jocus in nostris, sunt seria multa libellis.

(AUSONE.)

La correspondance de G. Peignot, à laquelle nous avons fait de nombreux emprunts, le peint tout entier. Les extraits que nous en avons faits suffisent pour donner au lecteur attentif une idée complète du caractère de celui qui les écrivait ; nulle part il n'a déployé autant de verve que dans l'expression, toujours variée, de ses goûts, de son activité intellectuelle et des sentiments que lui inspire l'amitié. On n'y rencontrera pas une phrase de convention, pas une réticence qui laisse soupçonner une arrière-pensée. Le style en est simple, les jugements qu'il exprime sur les hommes et sur les choses n'ont jamais rien d'amer ou de blessant. On doit s'étonner cependant de ne trouver sous la plume d'un érudit, lecteur infatigable, aucun de ces développements qui nous mettraient dans la confidence de ses appréciations littéraires, au moment où elles lui venaient à l'esprit. Il avait cependant un goût sûr ; mais comme il s'était voué trop exclusivement à la science bibliographique, en écrivant, il se préoccupait moins des qualités intrinsèques d'un ouvrage, que de la description du livre, de sa rareté et de ses rapports avec d'autres.

Dans ses lettres à Amanton (1), il se montre pareillement ami dévoué, empressé à rendre service, bienveillant pour autrui. Quant aux autres lettres que l'on a publiées de lui et qui sont classées par M. Milsand sous les nᵒˢ 42 à 59, elles ont pour objet quelques points de bibliographie, et nous en parlerons en leur lieu (2).

Nous avons donné à dessein un assez grand nombre d'extraits des opuscules poétiques de M. Peignot, afin de les faire apprécier par les nombreux lecteurs qui ne pourraient les consulter. Nos emprunts ont été faits exclusivement au volume des *Bagatelles poétiques dramatiques*. Nous avons à dire quelques mots de deux petits ouvrages composés dans la jeunesse de l'auteur, véritables enfants du dix-huitième siècle, dans lesquels il est impossible de re-

---

(1) Ces six lettres viennent d'être publiées dans le *Bulletin du Bibliophile*, janvier-février, 1863.

(2) Deux autres, plus récemment découvertes, adressées à M. Crapelet, ont été publiées dans le *Bulletin du Bouquiniste*, nᵒ du 1ᵉʳ janvier 1862.

connaître l'esprit religieux, le jugement droit et le bon goût qui caractérisent les autres œuvres de G. Peignot. Le premier est intitulé : *Opuscules philosophiques et poétiques du frère Jérôme,* mis (*sic*) au jour par son cousin, Gabriel P. (à Paris, de l'imprimerie de Mercier, an IV de la République française, 1797). Un autre titre, *le Cousin du Compère Mathieu,* a été substitué ou ajouté au précédent en l'an VI, et accuse mieux encore l'esprit dans lequel l'ouvrage a été composé. Une approbation burlesque, datée du 22 novembre 1790, n'a sans doute d'autre objet que de rappeler l'époque de la composition de la première pièce que renferme le volume, sous ce titre : *Songe systéma-physi-comico-moral de M. Jérôme,* mis au jour par sa tante Barbe-Catherine-Charlotte Amidon, des confréries du Sacré-Cœur de Jésus et du Saint-Rosaire. A l'hôtel de la Tolérance et de la Liberté, 30 novembre 1790, et amplifié le 25 mai 1792.

Le songe est précédé d'une épître dédicatoire en vers, adressée à M. Thomas Bou..., maire d'un chef-lieu de canton. Cet opuscule, écrit sous forme de dialogue entre Jérôme et un génie, reproduit la plupart des facéties usées de Voltaire sur les dogmes religieux de tous les peuples ; deux pièces de vers y sont intercalées et résument la doctrine théologique de l'auteur, qui n'est autre que la théorie de l'*Univers-Dieu* de Dupuis.

Vient ensuite l'*Histoire de l'âme d'Ivriel,* dialogue écrit dans le même esprit. Le *Discours en vers sur la*

Révolution française est l'œuvre d'un jeune homme en qui une foi enthousiaste dans l'avenir de la révolution n'exclut pas un certain fonds de sentiments religieux, qu'il exprime dans des vers assez bien frappés :

> Et toi qui, d'un œil froid, avec pitié contemple
> Toute religion, tout ministre, tout temple,
> Tu refuses de croire à la divinité?
> Quel bonheur te promet ton incrédulité?
> Dans tes mains, le flambeau de la philosophie,
> Loin d'éclairer mon âme, y porte l'incendie.
> Pour les crimes connus si l'homme a des décrets,
> La vengeance est au ciel pour les crimes secrets.

On distingue, parmi les pièces qui suivent : l'*Ode sur le départ de Beauchamps, consul à Mascate*, qui a été reproduite dans les *Bagatelles poétiques*, et l'*Histoire de la feue dame Alix*, qui fait partie de quelques pièces érotiques peu nombreuses, composées à Arc en 1793 et en 1794. Le volume se termine par la petite comédie de société *le Bailli cabaleur*, où l'auteur remplit le rôle de Crin-Crin, ménétrier de village. Il y parut, armé de son violon, pour chanter quelques couplets qui terminent gaîment la comédie.

L'autre opuscule, intitulé *la Création et le Paradis perdu*, pot-pourri par un Bourguignon, se compose d'une épître dédicatoire et de trente-six couplets sur différents airs, dans lesquels sont racontées, sous une forme burlesque, la création du monde, celle de l'homme et de la femme, la tentation d'Eve, la faute et l'expulsion du paradis terrestre. Ce pot-pourri a été imprimé à Vesoul, de même que les *Bagatelles poétiques et dramatiques*. Il a une pagination séparée, mais l'auteur le réunissait volontiers à d'autres facéties dont le recueil formait un petit volume qui a été décrit dans le *Manuel du Libraire* de M. Brunet, à l'article *Fontenelle*. G. Peignot lui-même, bien qu'il eût désavoué ces débauches d'esprit, les adressait, en 1835, à M. Ch..., de Mons. La note que nous avons relevée sur son carnet est ainsi conçue :

« Envoyé par la diligence, *Bornéo* complet, in-12, tel que celui qui a été vendu 41 fr. chez Nodier. » C'est le recueil décrit par M. Brunet (1).

L'auteur attachait fort peu d'importance à ces essais poétiques ; il s'exprimait en ces termes, dans l'avant-propos de ses *Bagatelles :* « Les voilà, mes bons amis, ces bagatelles fugitives auxquelles vous avez daigné sourire quelquefois. C'est sous les auspices de ce sourire que je les glisse furtivement sous presse, et c'est à vous seuls que je veux adresser ces enfants de mes loisirs que l'à-propos a fait naître, que la gaîté soutient un peu, mais que le dieu du Pinde a négligé de châtier. »

---

(1) M. Brunet donne le titre particulier des opuscules ainsi réunis : *Lettres facétieuses de Fontenelle, qui n'ont jamais été imprimées dans ses œuvres.* Bagdad, MCCCCCCCCIIX. Au verso, nous avons lu la mention suivante : « Ce recueil, tel qu'il est, n'a été imprimé qu'à 60 exemplaires ; la *Relation de Bornéo* seule a été tirée à 90 exemplaires sur beau papier vélin, 3 sur vélin choisi, avec le portrait, 3 sur papier rose, aussi avec le portrait, 3 sur papier bleu et 11 sur satin. »

Il y fait allusion dans le début de son petit poème intitulé *la Muse de l'Histoire :*

> Aujourd'hui, renonçant à ces légères fleurs
> Que fait naître Erato sous ses pas enchanteurs,
> Ma muse, plus sévère, aux fastes de l'histoire
> Veut consacrer ses chants et confier sa gloire...

Il se proposait de décrire en vers un certain nombre d'épisodes historiques qui auraient composé dix-huit tableaux pour l'histoire sainte et trente-six à peu près pour l'histoire profane : chacun d'eux aurait eu cent à cent cinquante vers au plus. Il n'en a publié que trois, qui sont : la Création et le Déluge; la Tour de Babel; les Mœurs patriarcales. Il y définit ainsi l'histoire :

> L'histoire, rassemblant tous les temps à la fois,
> Est le plaisir du sage et l'école des rois.

Cet essai, publié le 25 juillet 1809, n'a été tiré qu'à seize exemplaires.

On peut ajouter aux opuscules poétiques déjà cités, le conte qui précède les *Amusements philologiques* et la pièce tout récemment publiée par M. Aubry, avec la lettre d'envoi de l'auteur, sous le titre suivant : *Relation d'un congrès tenu par les oiseaux de la Haute-Saône, à l'occasion d'une certaine ambassade de Bartavelles qui fit son entrée, l'hiver dernier, dans la bonne ville de Vesoul* (1).

L'analyse que nous nous proposons de faire des autres ouvrages de G. Peignot aura bien souvent

---

(1) *Bulletin du Bouquiniste* du 1er avril 1863.

le défaut d'embrasser une trop grande quantité
d'écrits divers, n'ayant aucun rapport les uns
avec les autres. Au risque de confondre les genres,
dès le début, il nous paraît utile d'embrasser, d'un
premier coup d'œil, un certain nombre d'ouvrages
de notre auteur, et de rendre compte du plan qu'il
avait d'abord conçu, au début de sa carrière de
publiciste.

Les fonctions de bibliothécaire qu'il remplit, à
partir de l'année 1794, lui donnèrent de bonne
heure l'occasion de développer son goût pour les
livres et la bibliographie. Bien qu'il n'ait exercé ces
fonctions que jusqu'à l'année 1813, et que d'autres
occupations l'aient distrait de cet ordre d'idées, il
est certain que la nature, plus forte que ses devoirs officiels, le ramenait sans cesse à la bibliographie. Il aimait les livres pour eux-mêmes, à les
classer, à les décrire. Puis, après les avoir feuilletés
pour son propre compte, il éprouvait le besoin de
communiquer aux autres les jouissances qu'il avait
éprouvées, en promenant ses regards sur un chef-
d'œuvre typographique. Et comme, d'ailleurs, il
était sensible aux beautés du langage, aux belles
pensées, il oubliait un instant la physionomie exté-
rieure du livre pour lire son auteur et se pénétrer
de son esprit. Il ne quittait jamais la plume, il faisait de nombreux extraits, des rapprochements heureux; il complétait le sujet et il se trouvait, à son
tour, avoir fait un livre à propos d'un livre; de là
à le publier il n'y avait qu'un pas. C'est ainsi que

la passion des livres lui donna le goût des lettres, et qu'après avoir fait un plan d'études et de bibliothèque pour les autres, il le mit en œuvre pour son propre compte.

De bonne heure, en effet, il composa le cadre d'une vaste encyclopédie qu'il voulait publier, qu'il n'exécuta pas dans son ensemble, mais d'où sortirent successivement la plupart de ses ouvrages. Il importe donc de rechercher d'abord quelle méthode il s'était faite, et quelle a été la marche de son esprit : nous le prendrons lui-même pour guide en consultant son *Manuel bibliographique* publié en 1800 (1).

Avant cette époque, il avait préparé les matériaux d'un ouvrage considérable qu'il destinait à l'usage des bibliothécaires et dont il avait même publié le prospectus en l'an VII : il a suffisamment développé ses idées à cet égard dans le Manuel qui va nous servir de texte. Ainsi qu'il le dit dans l'avant-propos, il avait compris qu'un bibliothécaire ne doit pas seulement avoir sous les yeux des catalogues méthodiques, connaître les éditions et savoir les décrire ; il voulait qu'il possédât des connaissances historiques sur les langues anciennes et modernes, sur la philosophie et les belles-lettres, sur l'art typographique. Comme il avait étudié lui-même ces

---

(1) Voyez le n° 66 du *Catalogue* de M. P. M... Le prospectus du *Manuel du Bibliothécaire* n'a point été mentionné par les bibliographes.

parties, il avait entrepris de faire part à ses collè-
gues de ce qu'il avait appris. Son *Manuel du Bibliothécaire* devait être divisé en deux parties. Le
premier chapitre de la première partie, qui n'était,
à proprement parler, qu'une introduction à la bibliographie, devait comprendre un traité sur les
langues anciennes et modernes, sur leurs origines,
leurs différences, etc.; sur les écritures des différents
peuples. Ce chapitre se terminait par un catalogue
des principaux ouvrages de linguistique.

Le second chapitre embrassait les belles-lettres,
la philosophie, les sciences et les arts : l'auteur voulait donner, avec l'histoire des écoles philosophiques, des notices sur les poètes, les orateurs, les
historiens et les savants de la Grèce et de Rome.
Le même travail comprenait la renaissance des
sciences et des arts en Europe, des tableaux chronologiques et des résumés.

Un troisième chapitre était consacré aux bibliothèques les plus célèbres et se complétait par des
notices sur les manuscrits, les médailles, l'histoire
de l'imprimerie et des imprimeurs, de la gravure et
de la librairie.

La deuxième partie, consacrée à la bibliographie
proprement dite, avait deux chapitres : le premier
traitait des livres en général, de la matière des livres (écriture, papier, formats), de leur prix, des
éditions et de leur conservation.

Le deuxième chapitre avait pour objet la classification des livres.

M. Peignot s'aperçut bien vite que l'exécution de ce programme remplirait toute sa vie et qu'il n'arriverait que tard et très imparfaitement à son but. La classification des livres, en effet, reléguée dans le dernier et le plus court chapitre de ce *Manuel du Bibliothécaire,* qui n'a jamais paru, était précisément le traité le plus nécessaire pour ceux auxquels il était destiné. L'histoire des langues, au contraire, aurait rempli d'ailleurs, à elle seule, plusieurs volumes et fait éclater, en quelque sorte, le cadre restreint dans lequel elle devait trouver place. Aussi préféra-t-il donner successivement au public les divers traités qui devaient composer ce vaste ensemble. Il tira d'abord des premiers matériaux qu'il avait réunis, son *Manuel bibliographique,* où il résuma les connaissances les plus propres à former un bibliothécaire.

Cet ouvrage commence par la traduction du *Traité des Bibliothèques* de Juste Lipse, accompagné de notes biographiques et littéraires. Il compléta ce traité par une notice abrégée des principales bibliothèques modernes. A la suite se trouve une courte description des livres sacrés des différents peuples, des notions sur les formats, le papier et les livres, puis une méthode de classification bibliographique. Il compléta cet essai par une histoire très sommaire de l'art typographique et des principaux imprimeurs dans les différents pays de l'Europe.

Voici maintenant les titres des divers articles qui composent la deuxième partie de cet ouvrage :

Petite Bibliothèque classée méthodiquement (1);
un supplément renfermant un certain nombre de
notices biographiques très sommaires, dans lesquelles
se trouve intercalée une liste des poètes épiques
par ordre chronologique.

Petite Bibliothèque portative de format in-18.

De l'Instruction publique... et de l'Enseignement
dans les écoles centrales (Extrait du discours prononcé à l'école centrale de la Haute-Saône, le 10 brumaire an VII.) (2).

Liste des principaux ouvrages à consulter dans
chaque cours des écoles centrales.

Notice abrégée des principaux ouvrages considérables ou rares qui ne se trouvent ordinairement
que dans les grandes bibliothèques.

Notice d'ouvrages dont les titres sont originaux
et dont la plupart sont très rares.

Notice de quelques Livres qui ont été payés exor-
bitamment cher.

Petites Bibliothèques : de Droit, — Médicale, —
de Botanique, — Musicale.

Quelques-uns de ces articles, qui ne sont qu'ébau-
chés, renferment en germe des publications plus
considérables, que notre savant bibliophile a prépa-

---

(1) Ce traité est la seconde édition d'un ouvrage qui avait paru
sous le même titre en l'an VIII. Voyez le *Catalogue* de M. P. M...,
n° 100.

(2) Il est très probable que ce discours a été imprimé en entier
dans un journal de la Haute-Saône.

rées ou publiées dans le cours de sa carrière. C'est ainsi qu'il inséra dans son *Dictionnaire raisonné de Bibliologie* une notice plus complète des principales bibliothèques de l'Europe (1). Il y fait, notamment, l'historique de la Biblicthèque impériale de France. On peut rapprocher de ces articles ce qu'il a dit de la bibliothèque du cardinal Bessarion, dans son *Manuel du Bibliophile* (p. xxxi), de sa lettre au Sénat de Venise, dont il avait donné un extrait dans le *Dictionnaire raisonné de Bibliologie,* au mot *Livre.*

Il était d'ailleurs naturel qu'il développât, dans ce dernier ouvrage , les notions qu'il avait données dans le *Manuel,* sur le papier, l'encre, en un mot, sur la partie matérielle des livres. Quant aux formats, c'est dans le *Manuel du Bibliophile* qu'il s'est le plus étendu à cet égard (2). Il convient de rapprocher de ces articles l'*Essai,* du même auteur, *sur l'histoire du Parchemin et du Vélin,* publié en 1812, dont il avait parlé aussi dans le *Dictionnaire raisonné.* Ce travail spécial traite de toutes les matières subjectives de l'écriture, le *calamus,* le *stylus* des anciens, l'encre, etc. Il dit même quelques mots de la reliure des livres, qui a fait à son tour l'objet d'un opuscule inséré d'abord dans les *Mémoires de l'Académie de Dijon* pour l'année 1833, puis édité à part, sous la date de l'année 1834, et ayant pour titre : *Essai his-*

---

(1) T. I, p. 59 et suiv.; t. III (supplémentaire), p. 38 et suiv. Sur cet ouvrage, voyez M. P. M..., n° 18.

(2) T. II, p. 427.

*torique sur la Reliure des livres et sur l'état de la
Librairie chez les anciens* (1).

Cet *Essai* formait lui-même la première partie d'un
traité beaucoup plus complet qu'il avait annoncé
dans le catalogue de ses manuscrits, publié par lui
en 1830.

Les notes sur l'histoire de la typographie, qui terminent la première partie de son *Manuel bibliographique,* étaient trop écourtées; l'auteur les compléta
dans son *Dictionnaire de Bibliologie,* où, après avoir
tracé l'histoire sommaire de l'invention de l'imprimerie, il traite de la taille des poinçons, de la fonte
des caractères, de l'impression ou composition. Il
faut compléter ces notions par la lecture des articles :
Caractère, Xylographie, Vignettes ou marques des
imprimeurs, et par la liste des villes où l'art typographique a été introduit dans le cours du XVe siècle.
Elle se trouve dans le supplément ajouté au tome II et
à la fin du tome III. Ce dernier volume renferme aussi,
au mot *Daunou,* l'analyse d'un mémoire de ce savant
sur les origines typographiques. On trouve dans ce
même volume, au mot *Imprimerie,* la liste des auteurs qui ont écrit sur ce sujet inépuisable; et il a

(1) Sur le *Papier,* voyez *Dictionnaire de Bibliologie,* t. Ier et t. III.
Dans ce dernier volume on trouvera, au mot *Papier vélin,* l'histoire
de cette fabrication, telle qu'elle est rapportée par M. Didot à la
suite de son *Epître sur les progrès de l'Imprimerie.* Il avait parlé
aussi de la *Reliure,* dans les tomes II et III de son *Dictionnaire.*

complété cet article dans son *Répertoire bibliographique universel,* publié en 1812 (p. 344-364).

G. Peignot s'était beaucoup occupé des imprimeries
particulières ; dès 1804, il en avait donné une liste
dans le tome III de son *Dictionnaire de Bibliologie,* et
cet article a été à peu près reproduit dans le *Répertoire de Bibliographies spéciales, curieuses et instruc-
tives* (p. 70). Au fur et à mesure qu'il recueillait des
notes sur ce sujet intéressant, il en faisait l'objet
d'articles séparés qu'il publiait dans le *Bulletin du
Bibliophile,* dont nous devons dire quelques mots.
Il y fut, en quelque sorte, provoqué par un article
de M. R. Chalon, inséré dans cette revue (1834-1835,
p. 43) à titre de supplément à l'article du *Dictionnaire de Bibliologie.* L'auteur y donnait une notice
sur l'imprimerie particulière du prince de Ligne,
avec l'analyse de trois ouvrages qui en étaient sortis. G. Peignot donna, dans le volume de 1837 du
Bulletin (p. 524), une *Notice historique et bibliographique sur l'Imprimerie particulière établie par sir
Th. Johnes, à Hafod, en* 1800, à titre de spécimen
de son Histoire inédite des imprimeries particulières.

Ce grand ouvrage, dont le prospectus seul a été
publié en 1841, et qui devait former un ou deux
volumes, portait le titre de *Recherches historiques et
bibliographiques sur les Imprimeries particulières et
clandestines,* etc. Il est certain que l'auteur s'en était
beaucoup occupé. Il en a fait mention à plusieurs
reprises dans ses *Acta diurna.* Le 25 février 1840, il

avait envoyé à son éditeur, Alkan, sept pages manuscrites contenant la table de son ouvrage ; le
19 mars, il lui envoyait l'introduction et trois notices supplémentaires, désignées sous les n°ˢ 86, 87,
88. Le 5 avril, il lui adressait la première partie de
l'ouvrage proprement dit, comprenant 49 articles;
et le 4 juin, il recevait les épreuves du prospectus.
Enfin, dans les derniers jours du mois de janvier 1843,
il terminait son manuscrit et il l'envoyait à son futur
éditeur le 3 février (1).

G. Peignot envoya, en outre, à la rédaction du
Bulletin du Bibliophile, divers articles sur l'histoire
de l'imprimerie : tel est l'article publié dans le volume de 1836 (p. 332-333) sur la date de l'introduction de l'imprimerie en Amérique, lequel se complète
par un article rectificatif (inséré à la p. 357), dont
l'auteur renvoie au *Typographical Gazeteer,* où se
trouve le catalogue de dix-sept ouvrages imprimés

---

(1) Cependant cet intéressant sujet continua de servir de texte à
de nombreuses notes insérées dans le *Bulletin du Bibliophile.* Le
volume de 1838 renferme un extrait du livre de Martin sur les livres
privately printed, où se trouvent mentionnées les imprimeries particulières de George Allan de Darlington, mort en 1800 ; d'Alexandre
Boswell, au château d'Auchinleck ; celle du Bannantyne-Club, fon-
dée en 1823 ; celle d'Egerton-Brydges, au château de Lec-Priory ;
celles du Maitland-Club, à Glascow, et de la Société de Newcastle,
p. 417.
Le *Bulletin* de 1839, p. 794, donne une notice sur deux ouvrages
fort rares sortis des presses de la Correrie, imprimerie particulière
de la Grande-Chartreuse, et celui de 1840, p. 407, donne une lettre
de M. C. de Battines sur trois imprimeries particulières qui avaient
été omises par G. Peignot dans le *Prospectus* publié en 1841. (Voyez
Catalogue de M. P. M..., n° 116.)

à Mexico, avant 1567. On trouve, en outre, dans ce volume une notice de G. Peignot sur les incunables exécutés dans les villes de France par des ouvriers d'Allemagne, typographes ambulants (p. 18-19), ainsi qu'une note sur les premiers livres imprimés à Besançon et à Dijon (1487-1491).

Il est impossible de séparer de cette analyse celle de l'ouvrage intitulé : *Essai historique sur la Lithographie...* imprimé en 1819. Dans cet opuscule, notre auteur a réuni divers articles qu'il avait successivement publiés dans le *Journal de la Côte-d'Or,* en 1818 et en 1819. Le premier, inséré dans le n° 88 de l'année 1818, n'est que le compte rendu de la notice de M. Mercier sur la lithographie, et a été reproduit à la fin de la seconde partie de l'*Essai* (p. 41). Les deux articles suivants (n°s 89 et 90) renferment l'histoire de la découverte de Sennefelder et des premiers essais de cet art dans les principales villes de l'Europe, et se trouvent dans l'*Essai* (p. 18-28). Les numéros 93, 94, 95 du *Journal* renferment des notices bibliographiques qui, sauf de légères modifications, forment la deuxième partie de l'ouvrage ; enfin le numéro 96 de la même année complète les précédentes et renferme un article sur la pierre lithographique. Les numéros suivants de l'année 1818 et de l'année 1819, sur les différents genres de gravure qui ont plus ou moins de rapport avec la lithographie, complètent ce travail ; G. Peignot, pour en faire un volume, y a ajouté une planche et un discours préliminaire sur la nécessité de recueillir les découvertes importantes (1).

Nous avons à peu près analysé tout ce que l'auteur a écrit sur les premiers éléments de la Bibliologie, ou plutôt sur la matière subjective du livre (papier, écriture, typographie). Ces divers points ont été spécialement traités dans le *Dictionnaire raisonné de Bibliologie,* sur lequel nous reviendrons encore. On y trouvera, en outre, des articles plus ou moins développés concernant les *manuscrits,* les *libraires,* les *relieurs,* les *peintres,* les *sculpteurs,* les *graveurs les plus célèbres,* les *médailles,* les *musées,* les *langues,* les *livres sacrés,* les *poètes-lauréats,* l'*archéologie,* la *chronologie* au mot *Dates...* Le cadre de cet ouvrage était heureusement choisi, et il est à regretter que l'auteur n'ait pas mis à exécution le projet qu'il avait formé d'en donner une deuxième édition (2).

---

(1) En citant les numéros du *Journal de la Côte-d'Or,* dont nous avons indiqué quelques-uns, M. P. M... a omis les nᵒˢ 88, 89, 90 et 96 de l'année 1818. Le nᵒ 98 du *Journal,* pour l'année 1819, renferme en outre un article très court, mais assez important, sur la découverte de la lithographie, à l'occasion de Sennefelder lui-même. Cet article nous paraît devoir être attribué à M. Peignot.

(2) « Depuis que cet ouvrage a paru, écrivait-il dans son *Répertoire bibliographique* (p. 387), nous nous sommes occupé à le revoir avec soin et à y faire des additions considérables qui pourraient former seules trois forts volumes in 8ᵒ. »

II

Les langues et l'écriture en général. — Les antiquités romaines. — La langue latine. — Histoire et origine de la langue française.

Res quibus occultas penitus convisere possis.
(Lucrèce.)

Il est temps de passer en revue les ouvrages moins techniques que G. Peignot a successivement publiés, en se conformant au plan tracé dans son *Manuel bibliographique*. Il devait commencer par une notice historique et conjecturale sur l'origine et la différence des langues et sur l'écriture. Ce travail a été ébauché dans le *Dictionnaire de bibliologie* (au mot *Langues*), où il a fait entrer les divers articles qu'il destinait certainement au *Manuel du bibliothécaire*. Il y traite, suivant l'ordre qu'il s'était tracé : de l'origine, — de la différence des langues, — de l'écriture des différents peuples. Il y mentionne les douze langues-mères ; il cite les ouvrages de Hickes sur les anciennes langues du nord ; ceux de Muller, de Hidde, de Meninski et de Richardson sur les rapports des langues de l'occident avec celles de l'orient, etc. Il donne ensuite la nomenclature des langues anciennes et modernes, classées géographiquement. Tout en s'excusant sur son inexpérience, il a donné quelques notions sur la généalogie des divers idiomes, question qui, à l'époque où l'auteur écrivait, était à peine entrevue par un petit nombre de philologues. On peut voir, d'ailleurs, dans l'article *Etymologie* et *Etymologistes*, qu'il avait étudié les ouvrages les plus autorisés sur ce sujet.

En consultant les articles *Alphabet, Ecriture*, on aura sous les yeux quelques-uns des matériaux que G. Peignot avait préparés, à cette date, pour son grand ouvrage. De bonne heure, il avait senti la nécessité d'une *Polyglotte universelle* élémentaire, destinée à servir d'introduction à l'étude des langues. « Nous proposerions, écrivait-il, d'adopter le format in-folio, dans lequel on ferait graver ou imprimer tous les alphabets connus; chaque planche offrirait : 1° l'alphabet d'une langue; 2° son syllabaire; 3° son système numéral; 4° une quinzaine de lignes d'un morceau de littérature qui serait toujours le même, traduit dans toutes les langues. Chaque planche aurait été précédée de deux ou quatre pages d'impression, qui donneraient en abrégé les principes élémentaires grammaticaux, et même l'historique de la langue à laquelle elles appartiendraient. L'ouvrage serait terminé par des vocabulaires traduits des langues particulières de l'Amérique, de l'Inde et des îles dont les habitants n'ont point d'alphabet (1). »

_____

(1) *Dict. de Bibliologie*, p. 348, à la note. Voici le titre dont il avait arrêté la rédaction, tel que nous le trouvons en tête du *Dictionnaire critique des principaux livres condamnés au feu,* publié en 1806 : « Essai d'un Dictionnaire universel des langues anciennes et

7

Il avait dû réunir ou compulser de nombreux
ouvrages sur ce sujet; car il avait composé une
Bibliographie glossographique, qu'il désigne sous le
n° 16 du catalogue de ses manuscrits, et qui pouvait
former deux volumes in-8° (1).

Son ouvrage complet sur la linguistique se serait
composé de trois parties : une introduction, dont
il parle dans ce dernier opuscule; le recueil de
tables, ou l'histoire figurée des langues classées
alphabétiquement; puis la bibliographie proprement dite qu'il a publiée dans son *Répertoire bibliographique universel.* Ce dernier travail qui n'occupe
que huit pages, aurait certainement formé la matière d'un petit volume, si, au lieu de donner une
simple indication des auteurs, G. Peignot eût énoncé
le titre complet de leurs ouvrages, en l'accompa-
gnant de notices analytiques.

D'autres extraits de cet ouvrage se trouvent dans
les *Mélanges;* l'auteur y a donné la liste des bibles
et autres livres saints polyglottes; celle des livres
où l'Oraison dominicale a été publiée en plusieurs

---

modernes des quatre parties du monde, précédé d'un discours sur
l'origine des langues en général, sur leur diversité et sur les moyens
d'en chercher et d'en établir la généalogie, suivi d'une Bibliographie des principaux ouvrages relatifs à l'étude des langues, 2 vol..
in 8°.»

(1) *Notice des ouvrages.... tant imprimés que manuscrits,* de Gabriel P******. Un essai de Bibliographie glossographique se trouve
à la fin de l'article *Langues* du *Dictionnaire.* Voyez aussi le *Répertoire bibliographique,* p. 370, et les *Mélanges littéraires, philologiques et bibliographiques,* p. 80.

langues ; il a extrait de ces recueils un certain nombre de traductions de cette prière dans les principales langues de l'Europe (1). Il a terminé sa notice
par la nomenclature des mots *Ciel, Dieu, Homme,
Pain, Père,* traduits dans l'ordre alphabétique, en
un très grand nombre de langues, qu'il a ensuite
groupées suivant quelques analogies qu'il signale.

Il a complété dans le même ouvrage l'article
Etymologie du *Dictionnaire de Bibliologie,* par une
notice des livres principaux à consulter sur ce sujet. Enfin, il faut rapprocher de ce travail trop sommaire une monographie assez curieuse, insérée dans
les *Mélanges* sous ce titre : *Lettre à M. Amanton...
sur l'étymologie, l'orthographe et la signification des
noms propres des rois de France de la première et de la
seconde race* (2). L'auteur a donné à la suite une
notice sur les noms propres en France et sur les
dispositions législatives qui ont réglementé cette

---

(1) Il y a reproduit à peu près ce qu'il avait dit dans son *Dictionnaire,* sur les langues en général. On y trouve le mot de Charles-
Quint, déjà cité dans le *Dictionnaire,* t. I, p. 389, puis répété dans
les *Amusements philologiques,* p. 255; l'anecdote sur les langues
parlées dans le Paradis terrestre, p. 81, citée ensuite dans les
Amusements philologiques, p. 247.

(2) Cette lettre avait été publiée en 1817, dans le *Journal de la
Côte-d'Or,* nos 85, 86 et 89. On y trouve, p. 21, l'anecdote de Be-
canus sur le mot *sac,* qui a trouvé place dans les *Amusements philologiques.* Il faut rapprocher de ces notices celle qui a été insérée
dans le *Livre des Singularités,* sous ce titre : *Onomatographie; De
certains noms propres chez les sauvages,* p. 42; et l'article du *Journal de la Côte-d'Or : Des Noms et des Surnoms,* 2 juillet 1817.

matière, puis une bibliographie des ouvrages principaux relatifs au même sujet.

Avant de passer aux essais publiés par G. Peignot sur la langue latine et la langue française, nous devons rappeler qu'il a donné quelques mélanges curieux sur les langues en général, dans les *Amusements philologiques* (p. 246 et suiv.), et surtout dans le *Livre des Singularités*, sous le titre : *Onomatographie amusante.* On y trouvera une note sur le nombre des langues (n. B, p. 38); une note sur certains mots bizarres et remarquables par leur longueur (p. 56), et sur les mots composés d'une manière bizarre.

Quant à l'article *Ecriture*, qui n'était qu'ébauché dans le *Dictionnaire de Bibliologie*, il a été complété dans les *Mélanges*, par un chapitre intitulé : *De l'Ecriture et des diverses manières de disposer l'ordre des lettres et des lignes chez les différents peuples.* Le commencement reproduit à peu près ce que l'auteur avait écrit dans le discours préliminaire qui précède le *Manuel du Bibliophile* (1). Les divisions de ce chapitre portent les titres suivants :

De l'Ecriture perpendiculaire (on y trouve l'Oraison dominicale en chinois);

---

(1) Diverses anecdotes se trouvent simultanément dans deux ouvrages : Voyez le *Manuel*, p. XII et p. XV (note 1re) ; et comparez les *Mélanges*, p. 118 et 122.

De l'Ecriture horizontale (avec l'Oraison dominicale en hébreu, écrite de droite à gauche);

De l'Ecriture en boustrophédon (avec deux vers de
Plaute);

De l'Ecriture orbiculaire.

A l'exception de quelques notices très écourtées
sur les auteurs et les philosophes grecs, insérées
dans le *Manuel du Bibliophile,* nous n'avons rien qui
indique que G. Peignot ait mis sérieusement la main
à l'histoire des sciences et des lettres en Grèce, qu'il
avait manifesté l'intention d'écrire.

Mais l'un des sujets qu'il comptait traiter avec le
plus de développement était assurément une sorte
d'encyclopédie romaine, dont devait faire partie
l'histoire de la langue latine. Il en a tracé le plan
soit dans le *Manuel bibliographique,* soit dans la
notice de ses ouvrages manuscrits publiée en 1830,
soit dans la *Bibliothèque choisie des Classiques latins.*
Ce vaste travail embrassait les traités suivants :

*Tableau historique de la grandeur et de la magnifi-
cence des Romains dans leurs triomphes* (avec un supplément traitant des récompenses militaires, des
impôts, des aqueducs, etc.);

De la magnificence des Romains dans leurs théâtres
(avec une histoire littéraire de l'art dramatique, etc.);

*Du luxe et de la somptuosité des Romains dans les
repas* (avec un appendice sur les repas chez les Gau-
lois, en France, etc.);

*Recherches historiques sur les fortunes particulières
des Romains;*

*Des Monnaies ; des Poids et Mesures ; des Chiffres ;
de la Mesure du Temps ; des Noms propres ; du Cens
et du Lustre ;*

*Recherches généalogiques sur la famille des six pre-
miers Césars.*

Ensuite il aurait donné une *Bibliothèque choisie
des Classiques latins,* au nombre de trente-sept ; puis
un *Recueil historique, chronologique et analytique sur
les découvertes des manuscrits d'Herculanum* (1).

Les deux premiers sujets n'ont été traités par
G. Peignot dans aucun de ses ouvrages imprimés ;
on voit d'ailleurs par le *Catalogue* de ses livres,
publié en 1852, qu'il ne possédait qu'un petit nombre de traités sur cette matière, tandis qu'il était
assez riche en dissertations sur les autres sujets.

Dès l'année 1821, il donnait lecture à l'Académie
de Dijon de son *Traité des Comestibles et des Vins,* où
il a parlé des mets eux-mêmes (volatiles, quadru-
pèdes, poissons, légumes) ; de la manière de les
apprêter ; de leur prix ; des vins et des mesures de
capacité (2). Les recherches qu'il publia ensuite sur
le *Luxe des Romains et leur Ameublement,* lui offraient
un champ plus étendu : il y a parlé des construc-
tions privées, des tableaux et des statues, des tables
et des lits, des coupes et des vases, des lampes et

(1) Voyez la notice des manuscrits, nos I à XIII.
(2) Imprimé dans la *Séance publique de l'Académie de Dijon,* du
24 août 1821, et tiré à part à 50 exemplaires.

des candelabres, des pierres précieuses et bijoux, des étoffes. Ce travail se termine par un appendice sur le luxe de Commode, d'Héliogabale et de Néron ; sur le prix d'acquisition de certains animaux. L'auteur y a donné ensuite le tableau de quelques fortunes particulières à Rome. Des notes substantielles indiquent le prix de quelques tableaux précieux chez les modernes, celui des plus beaux diamants et bijoux de la couronne de France ; on y trouve une description des plus fameux diamants connus, et un précis des plus grandes fortunes de l'Angleterre (1).

Quant au traité sur les *Monnaies,* on n'a sur ce sujet que l'article inséré dans le *Dictionnaire de Bibliologie,* où le système monétaire des Romains n'est pas même ébauché, et quelques détails sur le prix des médailles dans l'*Essai de Curiosités bibliographiques* (p. XLII à XLVIII).

Nous n'avons rien de son travail sur les *Mesures.* L'article *Chiffre* du *Dictionnaire* n'en donne que la nomenclature, avec la figure des nombres et des chiffres. Les *Noms propres,* le *Cens,* le *Lustre,* les *Recherches sur les familles des Césars* n'ont pas fait non plus l'objet de traités spéciaux ; et quant à la *Mesure*

_____

(1) Sur les tableaux anciens et modernes, voyez l'*Essai de Curiosités bibliographiques,* préface, p. XLVIIj ; le *Livre des Singularités,* p. 355. La note sur les diamants a été reproduite avec quelques développements dans les *Amusements philologiques,* p. 434, et paraît avoir été extraite d'un traité inédit sur le *Diamant,* plusieurs ois annoncé.

du Temps, l'auteur n'en a dit qu'un mot dans les *Recherches sur la Semaine*. Dans ses notices publiées, G. Peignot a trop souvent perdu de vue le but principal qu'il s'était d'abord proposé et qui eût consisté à préparer le lecteur à l'étude sérieuse des antiquités romaines. Il a voulu exciter la curiosité, en mêlant agréablement l'anecdote à la description et à l'archéologie ; les détails piquants et inattendus abondent sous sa plume, et cette prédilection perce jusque dans les notes sommaires dont il a accompagné les titres de ses ouvrages en préparation. Il annonçait, par exemple, que son traité de la *Mesure du Temps* serait terminé par un aperçu des occupations ordinaires d'un Romain à chaque heure de la journée.

On s'explique d'ailleurs qu'il n'ait pas donné suite à ce projet de publication. La traduction des *Antiquités romaines* d'Adam, publiée en 1826, venait de mettre à la portée des lecteurs ordinaires un excellent manuel qu'il était difficile de surpasser. G. Peignot avait suffisamment mûri le plan de sa *Bibliothèque des Classiques latins :* elle devait renfermer une histoire de la langue latine et, dans une introduction, un essai sur les divers peuples qui se sont établis en Italie. Cette étude, qui a fait l'objet d'ouvrages récents (1), était prématurée en 1813 ; toute-

---

(1) Aujourd'hui encore, si l'on s'en rapporte à un critique compétent, les travaux des philologues modernes laisseraient beaucoup à désirer. Voyez Ed. du Méril, *Mélanges archéologiques et littéraires,*

fois les développements que l'auteur a donnés à son programme dénotent une véritable intelligence du sujet.

Afin de familiariser le lecteur avec les textes eux-mêmes, il se proposait de publier dans son ouvrage les monuments les plus anciens et les plus authentiques de la langue latine : les vers saliens, les lois royales, les Douze Tables, une inscription d'une urne antique, celles de Duilius, du tombeau des Scipion, du tombeau d'Atilius Calatinus, et un fragment du sénatus-consulte sur les bacchanales. M. Egger n'a pas suivi d'autre plan, lorsqu'il a publié ses *Latini sermonis vetustioris reliquiæ selectæ.*

Ce programme se trouve à la fois dans la *Bibliothèque choisie,* publiée en 1813, et dans le catalogue des ouvrages inédits, n° xii. D'après cette dernière note, l'ouvrage n'aurait pas formé moins de six volumes.

Il nous reste de cette tentative une notice trop sommaire sur la langue celtique, considérée comme ayant concouru à la formation de la langue des Romains (1). Elle a surtout pour objet de passer en revue les principaux ouvrages écrits sur cette matière par C. de Gébelin, Le Brigant, La Tour d'Au-

---

p. 207, où l'auteur cite : Kampfe, *Umbricorum specimen,* Berlin, 1835; Henoch, *de Lingua Sabina,* Altona, 1837; Grotefend, *Rudimenta linguæ umbricæ, ex inscriptionibus antiquis enodata,* Hanovre, 1839.

(1) *Mélanges bibliographiques,* p. 140.

vergne, Denina, Bullet; mais la conclusion n'est pas suffisamment motivée. G. Peignot penchait pour le système de Bullet, qui consiste à dire que les Celtes ont fait partie de l'invasion celto-scythique qui peupla toute l'Europe. L'accroissement de la population de la Gaule la força à déborder sur l'Espagne, d'un côté, sur l'Italie, de l'autre, où l'élément celtique se croisa avec l'élément hellénique dans le *Latium :* de cette fusion devait sortir la langue latine. Cette conclusion lui paraissait ressortir assez naturellement de l'opinion des divers auteurs qu'il avait consultés, lesquels s'accordaient à reconnaître que la langue celtique avait contribué à la formation du latin : elle se résume dans la formule magistrale ainsi arrêtée par Funccius : *Aviam linguæ latinæ incertam statuo, matrem celticam, magistram græcam.*

Quant aux notices qu'il annonçait avoir préparées, au nombre de 37, sur les Classiques latins, il n'a donné, avec une certaine étendue, que celle de Perse, dans sa *Bibliothèque choisie.* Les autres lui auront servi à donner les notices abrégées, au nombre de 27 seulement, qu'il a publiées dans le *Manuel du Bibliophile* (1). Il y manque Cornelius Ne-

---

(1) Ce sont : *Virgile,* t. I, p. 59; t. II, p. 118; — *Horace* (art. Malherbe), t. I, p. 110 et 281; t. II, p. 56. — *Catulle,* t. II, p. 19. — *Tibulle,* t. II, p. 113. — *Properce,* t. II, p. 93. — *Juvénal,* t. II, p. 60. — *Tite-Live,* t. II, p. 114. — *Quinte-Curce,* t. II, p. 95. — *Tacite,* t. II, p. 107. — *Sénèque,* t. I, p. 131, 323; t. II, p. 102. — *Ci-*

pos, Phèdre, Lucrèce, Valère Maxime, Manilius, Varron, Caton, Martial, Valerius Flaccus et Quintilius, qui, avec Perse, compléteraient le chiffre de 38 auquel il s'était arrêté.

Il faut rapprocher de ces notices la brochure intitulée : *Quelques Recherches sur le tombeau de Virgile au mont Pausilippe*, extraite des *Mémoires* de l'Académie de Dijon pour l'année 1839-1840. Elle commence par une dissertation sur le lieu où est mort le poète de Mantoue. L'auteur y décrit ensuite le tombeau de Virgile à différentes dates ; il rappelle les noms des littérateurs qui l'on visité, les honneurs rendus au poète par l'Eglise, etc. (1).

Quant à l'essai sur les manuscrits, qui devait terminer l'ouvrage, l'auteur paraît avoir eu un instant la pensée d'en faire l'objet d'une publication particulière, qu'il a indiquée sous le n° 13 de la notice de ses manuscrits. On trouve des traces de ce travail soit dans le *Dictionnaire de Bibliologie*, soit dans le *Répertoire Bibliographique*, au mot *Classiques*. Le paragraphe consacré à ce sujet est intitulé :

---

céron, t. II, p. 24. — *César*, t. II, p. 21. — *Térence*, t. II, p. 109. — *Salluste*, t. II, p. 101.— *Pline-l'Ancien*, t. II, p. 84. — *Pline-le-Jeune*, t. II, p. 85. — *Velleius*, t. II, p. 117. — *Claudien*, t. II, p. 30. — *Florus*, t. II, p. 47. — *Justin*, t. II, p. 59. — *Lucain*, t. II, p. 66. — *Ovide*, t. II, p. 78. — *Plaute*, t. II, p. 83. — *Sénèque le Tragique*, t. II, p. 103. — *Silius Italicus*, t. II, p. 104.— *Stace*, t. II, p. 105. — *Suétone*, t. II, p. 106.

(1) La plupart de ces points ont été traités avec un soin particulier par M. Ed. du Méril, dans ses *Mélanges archéologiques*, dans le chapitre intitulé : De Virgile l'Enchanteur, p. 425.

« Notice sur la découverte de quelques manuscrits des auteurs anciens, lors de la renaissance des lettres, c'est-à-dire depuis le XVᵉ siècle. »

Dans cet article de son *Répertoire,* l'auteur a développé, avec un soin particulier, les notices consacrées à Phèdre, à Tite-Live et à Pétrone ; il l'a terminé par quelques pages concernant les manuscrits d'Herculanum (1).

La bibliographie des classiques latins, ébauchée dans cet ouvrage, a été traitée avec plus d'étendue dans la quatrième partie du *Manuel du Bibliophile ;* elle se complète par une notice intéressante sur les éditions *princeps,* insérée dans les *Variétés bibliographiques,* p. 57 et suiv. L'auteur explique les causes de la rareté de ces éditions et de leur valeur, par le petit nombre du tirage, la fidélité du texte et la destruction d'un certain nombre d'exemplaires. Il donne la définition de la véritable édition *princeps,* les caractères qui la distinguent, et il termine par un spécimen des abréviations souvent inintelligibles, usitées par les imprimeurs du XVᵉ siècle.

Au nombre des opuscules qu'il a tirés de ses matériaux sur les antiquités romaines, nous ne devons pas omettre ses *Recherches sur les diverses opinions*

---

(1) Dans les *Curiosités bibliographiques,* G. Peignot a aussi parlé des rouleaux, p. xxv, de certains manuscrits de Virgile, de Térence, du Codex argenteus, p. xxix, et du prix que plusieurs écrivains de l'antiquité ont tiré de leurs ouvrages, p. xvj.

relatives à l'origine et à l'étymologie du mot Pontife, qui ont été imprimées dans les *Mémoires de l'Académie de Dijon,* année 1838.

Nous avons déjà dit quelques mots des premiers travaux de G. Peignot sur la langue française et ses origines. Dans une *Lettre à M. Amanton sur un ouvrage intitulé :* Les Poètes français depuis le XIIe siècle jusqu'à Malherbe (1824), il s'exprime en termes bien sentis sur l'énergie et la vivacité du francais du moyen âge. La même pensée se trouve dans une autre *Lettre à Amanton sur l'ouvrage intitulé :* Lettres de Henri VIII à Anne Boleyn (1826). Enfin, dans une lettre à l'éditeur Crapelet, qui précède l'édition de l'*Histoire de la Passion de Jésus-Christ,* G. Peignot annonçait l'intention de publier un certain nombre d'anciens monuments de la langue française, plan qu'il avait exécuté en partie dans son ouvrage de *la Maison royale de France,* où il avait donné, siècle par siècle, un choix des textes les plus propres à marquer les progrès de notre idiome. Il inséra ensuite dans le *Tableau des Mœurs au Xe siècle,* publié par Crapelet, en 1832, un chapitre intitulé : Monuments de la Langue française en usage en Normandie aux XIe et XIIIe siècles. Il y traite de l'introduction et de l'histoire de notre langue en Angleterre, et il donne, à titre de spécimen, cinq fragments, parmi lesquels figure un extrait des lois de Guillaume-le-Conquérant.

Cependant le plan qu'il s'était proposé était conçu dans de grandes proportions; l'auteur devait y faire

entrer des *fac-simile* des anciennes écritures : « J'aurais choisi, dans chaque siècle, dit-il, ceux qui m'auraient paru les plus intéressants sous le rapport cal-
ligraphique, et, descendant ainsi jusqu'au XVIIIe
siècle, j'aurais présenté un recueil assez intéressant,
tenant, d'une part, à l'histoire générale de l'écriture
depuis les siècles les plus reculés, et, de l'autre, à
la description des *fac-simile...* (1). »

Il exécuta ce projet sur une moindre échelle dans
son *Essai sur l'origine de la Langue française,* imprimé dans les *Mémoires de l'Académie de Dijon,* année 1834. Le fonds en est emprunté aux travaux de
M. Raynouard et de M. Gley. On y trouve un précis
assez complet de nos origines celtiques, latines et
germaniques ; bien que l'auteur ait adopté l'hypo-
thèse de cette fameuse langue romane intermédiaire
entre la langue latine et les idiomes modernes, cette
donnée inexacte, que peu de personnes étaient en
mesure de combattre avec succès en 1834, n'ôte
rien de leur intérêt aux faits nombreux, aux observations ingénieuses que M. Raynouard a mis à la
portée des lecteurs.

La seconde partie de l'Essai de G. Peignot se
compose de trente extraits des monuments de notre

---

(1) *Variétés, notices et raretés bibliographiques,* p. 51, note. Ce
projet avait déjà été exécuté, à un autre point de vue, par les auteurs des divers traités de *Diplomatique* que G. Peignot a cités dans
son *Dictionaire de Bibliologie.*

langue, depuis le fameux serment de 842, jusqu'à
Montaigne. Quelques-uns sont accompagnés de
planches. Enfin, le recueil se termine par une analyse succincte des treize volumes de la collection
publiée par Crapelet, dont font partie l'*Histoire de la
Passion de Jésus-Christ* et le *Tableau des Mœurs au
X*[e] *siècle,* donnés par notre auteur.

La méthode qu'il avait adoptée a été, depuis, suivie par un anonyme qui a publié, dans le *Bulletin du
Bibliophile* (année 1836, p. 63), une notice sur les
origines de la langue française, accompagnée d'un
choix de textes, classés dans l'ordre chronologique,
depuis le IXe jusqu'au XIIe siècle, et dont plusieurs
ont été puisés aux mêmes sources que les extraits
donnés par G. Peignot.

Il a complété ce travail en 1838, en publiant, dans
les *Mémoires de l'Académie de Dijon,* des *Recherches
sur d'anciennes Traductions françaises de l'Oraison
dominicale* (du XIe au XVIe siècle). On y trouve en
outre le Symbole de saint Athanase, en langue romane du Xe siècle, quelques fragments des Psaumes,
le Symbole des apôtres et les Commandements de
Dieu, l'Oraison dominicale en sept langues, et enfin,
un chapitre sur la prééminence de la langue française (1).

---

(1) Il faut rapprocher de ces extraits celui que G. Peignot a donné
dans un article inséré dans le *Bulletin du Bibliophile* (année 1839,
p. 588), sous ce titre : *Notice sur quelques prières manuscrites de*

On aura une idée complète des travaux de G. Peignot sur l'histoire littéraire en parcourant les notices
qu'il a données dans son *Manuel du Bibliophile;*
nous avons déjà parlé de celles qui concernent les
classiques latins. L'une des plus importantes est
la notice qu'il a consacrée aux Livres saints (t. I,
p. 219-258), et qu'il a reproduite dans le *Mémorial
religieux et biblique;* une autre traite de l'*Imitation
de Jésus-Christ* et de ses auteurs. Les titres des principales divisions de ce *Manuel* indiquent suffisamment à quel point de vue s'est placé l'auteur pour
faire mieux goûter les classiques dont il ne se lasse
pas de faire l'éloge. La seconde partie traite « de
la prédilection particulière que des hommes célèbres
de tous les temps ont eue pour certains ouvrages et
surtout pour les chefs-d'œuvre littéraires. » Chacun
de ces hommes célèbres fait, bien entendu, l'objet
d'un article particulier.

La troisième partie renferme : « La notice indi-
cative des morceaux les plus beaux et les plus estimés que l'on a toujours distingués parmi les chefs-
d'œuvre littéraires des auteurs du premier ordre, et
de quelques écrivains du second. » Les auteurs
grecs, latins et français y sont classés par ordre alphabétique. Malheureusement, on peut regretter

---

la fin du XVI⁰ *siècle.* L'auteur les a empruntées au *Psalterium inte-
meratæ Virginis,* conservé dans le cabinet des estampes du Musée
Dijon.

que les étrangers ne figurent pas dans cette liste ; il nous suffit de signaler, parmi les italiens, Dante, Pétrarque, l'Arioste et Boccace, qui auraient pu y trouver place au même titre que Milton (1).

Nous rattacherons à ces opuscules les Essais de moindre importance qui sont épars dans plusieurs recueils ; ainsi l'on trouvera, dans les *Mélanges littéraires,* un Essai sur l'origine de quelques mots de la langue française, la date de leur création et le nom de leurs auteurs ; ce travail est, à proprement parler, une notice sur le néologisme.

Citons encore sa *Lettre sur une nouvelle édition des œuvres de Ducerceau,* extraite du *Journal de Dijon,* année 1828, n°ˢ 100 et 101 ;

Les *Remarques morales, philosophiques et grammaticales sur le Dictionnaire de l'Académie française* (Paris 1807) ;

L'opuscule intitulé : *Petit Dictionnaire des locutions vicieuses,* et dont la partie la plus considérable est l'*Abrégé des principes de l'Art épistolaire,* qui précède le *Dictionnaire.*

La curiosité, qui était le faible de notre auteur, devait le pousser à l'étude des patois ; il avait formé

---

(1) L'auteur aimait les parallèles ; on peut consulter ceux qu'il a empruntés à diverses sources entre les littérateurs et les peintres : *Manuel,* t. I, p. 275 ; *Dictionnaire de Bibliologie,* t. II, p. 47 ; *Amusements philologiques,* p. 501. Quant au tableau chronologique de tous les hommes célèbres depuis la renaissance des lettres, annoncé dans le prospectus du *Manuel du bibliothécaire,* on le trouvera dans les *Amusements philologiques,* p. 534 et suiv.

le projet de publier un travail bibliographique sous le titre de *Bibilothèque idio-bourguignonne*, qu'il annonçait dans sa notice *De la liberté de la Presse à Dijon, au commencement du XVIIe siècle*, extraite de la *Revue de la Côte-d'Or*, t. I, p. 89-98. Elle est consacrée à l'examen de l'*Ismenias* ou l'*Ebolation de Tailan*, poème satirique en trois cent vingt-huit vers. L'auteur l'a complétée par quelques recherches sur les auteurs de cet opuscule en patois bourguignon, œuvre de Jean Richard et de son fils, Jean-Baptiste Richard.

Il a extrait des matériaux qu'il avait réunis une dissertation sur les auteurs du *Virgile virai en Bourguignon*, dont il est fait mention dans les *Mémoires de l'Académie de Dijon* (compte rendu pour l'année 1820, p. xli et xlii). Elle a été reproduite en tête de l'édition donnée par M. Amanton. Chacun des auteurs fait l'objet d'une note très succincte, et l'introduction se termine par une facétie de l'abbé Barthélemy, intitulée, *Histoire d'Enée*, dans un genre nouveau (1).

Il est très vraisemblable que la lettre insérée dans le *Journal de Dijon*, à la date du 11 janvier 1826, et signée *** est de G. Peignot ; elle renferme une notice sur la famille des imprimeurs Ballard, dont

---

(1) L'édition du *Virgile virai* (Dijon, 1831) se compose des livres II, IV, VI de l'Enéide ; des épisodes de Cacus, du bouclier d'Enée, des funérailles de Pallas, de l'épilogue, et d'un glossaire.

l'un a édité la musique des *Noëls* de La Monnoye, pour l'édition de 1738.

Enfin, dans une *Notice sur quelques Poésies bourguignonnes*, insérée par notre auteur dans le *Bulletin du Biblioqhile*, année 1841, p. 33, il restitue à leur véritable auteur, P. Malpoy, mort à Dijon le 7 juillet 1844, des poésies galantes, latines, françaises et bourguignonnes qui avaient été faussement attribuées à Aimé Piron dans le catalogue de la bibliothèque Pixéricourt.

Nous ne mentionnerons que pour mémoire la courte analyse du roman intitulé *le Comte de Charny*, dédié aux Bourguignons, laquelle a paru dans le *Journal de la Côte-d'Or*, du 1er avril 1829.

III

Histoire. — Notices historiques et biographiques.

> . . . . nec nisi operta legens,
> Materies sermonis erant, quæcumque libellos
> Fusa per innumeros nunc monumenta docent.
> (VALESII *poem.*)

L'abrégé intitulé : *Géographie statistique spéciale de la France,* est un opuscule destiné aux écoles primaires, qui ne présente aucun intérêt.

Le principal ouvrage de G. Peignot est l'abrégé qui porte pour titre : *De la maison royale de*

France (1). Il est regrettable qu'il n'ait pas écrit l'histoire des deux premières races avec les développements qu'il a donnés à l'histoire de la troisième. Le précis généalogique des Mérovingiens et des Carlovingiens, que l'auteur ne considérait que comme une introduction à l'Histoire de la maison de Bourbon, est cependant plein de recherches exactes et variées. Il lui eût été facile de grouper autour

---

(1) Augmenté du *Précis chronologique du règne de Louis XVIII,* l'ouvrage porte le titre suivant : *Abrégé de l'Histoire de France,* composé de recherches curieuses, la plupart négligées par les historiens et contenant, dans l'ordre chronologique, la généalogie détaillée des princes de chaque race. Paris et Dijon, 1819.

La première édition devait paraître en février 1815 : « Mais les événements de la fin de mars en firent suspendre l'annonce et déterminèrent le libraire propriétaire de l'ouvrage à en supprimer plusieurs passages et à en supprimer le titre; l'ouvrage ainsi tronqué fut, après un nouveau dépôt d'exemplaires à la direction de la librairie, mis en circulation en 1815, sous le titre de *Précis chronologique, généalogique et anecdotique de l'Histoire de France,* etc. Après la seconde Restauration, en 1816, on rétablit l'ancien titre... » Quérard, *France littéraire,* t. VII, p. 10 et suiv.

Voici, d'après l'exemplaire que possède la bibliothèque de la ville de Dijon, les différences qui distinguent les deux tirages de cette première édition. Dans le frontispice, le portrait de Clovis a été substitué à celui de Louis XVIII. La préface tronquée n'eut que VI pages au lieu de XIV. La table générale des rois de France (p. XXI-XXIV) fut remaniée et reportée à la page 2. Les pages XXXIX et XL du discours préliminaire furent refaites. Le titre de la page 1 : *Précis généalogique et anecdotique de la maison de Bourbon, depuis Hugues-Capet jusqu'à Louis XVIII,* fut remplacé par le suivant : *Précis généalogique et anecdotique de la troisième race, depuis Hugues Capet.* Les pages 1 à 6, les pages 264 à 266 ont été remaniées. Il en a été de même de la page 320, des pages 317 à 334, des pages 349, 350, 355-358, 363-396, 401, 402, qui renferment l'histoire du premier Empire et de la première Restauration. La page 432 elle-même, où se trouvait l'annonce de l'ouvrage, a été remplacée.

des premiers règnes des documents sur les ordres
religieux, les institutions, les monnaies, les découvertes, les progrès de la langue, comme il l'a fait à
partir du règne de Hugues-Capet jusqu'à la Révolution. Nous posséderions ainsi un mémorial complet
sur l'histoire de France, lequel aurait fait oublier
tous les abrégés publiés antérieurement. Mais, dans
sa modestie, loin de chercher à supplanter ses
devanciers, l'auteur n'annonça dans sa préface
d'autre ambition que le désir de les compléter.

Il avait publié, en 1816, un *Précis chronologique
du règne de Louis XVIII,* qu'il réimprima, en pous-
sant le récit des événements jusqu'en 1819, pour le
réunir à l'ouvrage précédent. Ecrit sous l'impression des événements de 1814 et de 1815, le discours
préliminaire est plein de considérations politiques
sur l'avenir du régime nouveau, qui, dans la pensée
de l'auteur, devait clore l'ère des révolutions et
réconcilier pour jamais l'ordre avec la liberté. Le
Journal de Dijon du 30 septembre 1815 renferme
un *Petit résumé chronologique de la carrière qu'a
parcourue Napoléon Bonaparte.* Cet article, non
mentionné dans le *Catalogue* de M. P. M., est certainement de G. Peignot, puisqu'il l'a reproduit littéralement dans le *Précis chronologique du règne de
Louis XVIII.*

Un troisième ouvrage, qui complète en quelque
sorte les précédents, est le *Précis historique, généalogique et littéraire de la maison d'Orléans, par un
membre de l'Université* (Paris 1830). A la différence

des deux autres, écrits sous forme de chronique, et dont le plan, sous ce rapport, laissait à désirer, ce précis peut se lire avec plus de suite. L'introduction renferme une généalogie de la branche de Valois-Orléans ; vient ensuite celle de la branche de Bourbon-Orléans ; chaque duc y est désigné avec ses alliances et sa descendance, puis, une notice historique renferme sa biographie et se complète par une notice bibliographique toujours curieuse et intéressante. Le plus remarquable, à tous égards, est celle du Régent, surtout à cause de la bibliographie des pamphlets dirigés contre la personne de ce prince. L'auteur a reproduit complétement les trois pièces suivantes, toujours très recherchées des curieux : *Histoire de Papyrius, surnommé Pille-argent, gouverneur des Francs-sots* (1721) ;

Les aventures de Pomponius, chevalier romain ;
La Chronique de Dom Philippe d'Aurélie.

Nous devons revenir en quelques mots sur les écrits politiques que G. Peignot publia sous la Restauration. L'*Impromptu sur le rétablissement des Bourbons* (avril 1814), et le *Nouvelliste des campagnes* (1816), sont écrits tous deux sous forme de dialogue. Dans ce dernier, qui eut deux éditions, l'auteur s'efforça de dissiper les préventions qui s'opposaient à la réconciliation du peuple des campagnes et de l'armée avec la Restauration, à celle des acquéreurs des biens nationaux avec les classes supérieures dépossédées pendant la Révolution.

En 1816, il publia pareillement le *Testament de Louis XVI*, qui eut deux éditions, et le *Testament de Marie-Antoinette*. Le premier est précédé d'une sorte de panégyrique du roi et de l'histoire de ses derniers moments. La note relative aux connaissances littéraires et scientifiques de Louis XVI a été complétée dans le *Manuel du bibliophile*, tome I, p. 372. L'auteur a suivi le même plan pour le testament de la reine ; il a ajouté à cette publication l'histoire de la découverte de ce document et rappelé les communications qui ont été données aux Chambres à cette occasion.

Nous ignorons si l'ouvrage suivant, annoncé dans la notice de ses manuscrits sous le n° XXI, aurait fait double emploi avec son *Abrégé de l'Histoire de France*. Il avait préparé un manuel intitulé : *Les dates de l'Histoire de France,* présentant siècle par siècle et règne par règne la date précise de tous les événements remarquables, de tous les établissements, de toutes les découvertes. Les éléments de ce livre ont été, en partie, mis à profit dans les *Amusements philologiques*, où l'on trouve un répertoire de quelques découvertes anciennes et modernes (p. 404 à 534.) Dans cette partie du livre, G. Peignot a publié, au mot *Voyages*, une notice des principaux voyages et des découvertes géographiques, laquelle devait former elle-même un ouvrage spécial avec des développements plus considérables, annoncé sous l'art. XLVI de la notice de ses écrits.

D'après la même notice, nous voyons qu'il avait

préparé des *Recherches historiques, chronologiques et bibliographiques sur tout ce qui concerne Jeanne d'Arc,* et une *Notice analytique de tout ce qui a été écrit sur le Masque de Fer.*

Nous savons que, de bonne heure, G. Peignot s'était rendu familiers les grands ouvrages qui forment comme les sources de notre histoire : on peut voir à l'article *Dates* de son *Dictionnaire de Bibliologie,* qu'il avait étudié les principaux systèmes de chronologie. Il aimait à entretenir le public du magnifique ouvrage l'*Art de vérifier les Dates,* dont il donna un aperçu dans une *Lettre à Amanton* qui parut successivement dans le *Journal de la Côte-d'Or* (1817), dans le *Journal de la Librairie* (1818), puis dans les *Mélanges littéraires, philologiques et bibliographiques.*

G. Peignot avait réuni dans son *Abrégé de l'Histoire de France,* un grand nombre de détails sur les mœurs et les institutions ; il publia, à la suite de l'*Annuaire de la Côte-d'Or* pour l'année 1827, une suite de *Notices chronologiques sur les mœurs, coutumes et usages anciens dans la Bourgogne.* On y trouve en germe les éléments qui lui ont servi plus tard à composer la monographie intitulée la *Selle chevalière* qu'il publia dans la *Revue de la Côte-d'Or,* en 1836 (1). Il y est question de l'humiliation

---

(1) Dans les carnets de G. Peignot, on lit que cette brochure a été tirée à 179 exemplaires sur papier ordinaire, 2 roses, 2 verts, 2

subie, en 1025 et 1235, par deux chevaliers qui furent obligés de porter à une certaine distance, sur leur tête, la selle de leur cheval. L'auteur a notamment puisé dans le *Glossaire* de Du Gange, aux mots *Hermiscara, sellam gestare.* Cette petite dissertation est suivie du récit de deux traits concernant P. de Courtenai et Barnabo Visconti, duc de Milan.

Les *Notices* publiées à la suite de l'annuaire renferment en outre quelques détails sur la *Mère-Folle* (année 1454), sur les livres de Philippe-le-Hardi, sur les modes et usages domestiques au XIVe siècle, les vêtements au moyen âge, sur quelques redevances singulières, sur les dettes de la ville de Dijon, sur le supplice d'Hélène Gillet, etc.

G. Peignot publia, dans le tome III de la *Revue des deux Bourgognes,* un article sur le *Gouvernement féodal, la prestation de foi et hommage, et la réunion des grands fiefs à la couronne,* où il cite plusieurs *exemples* assez curieux du cérémonial de l'hommage féodal. Celui du comte de Champagne, en 1268, a été emprunté à la chronique des évêques de Langres, de Mathieu. Celui de Jean Baillol, de l'année 1292, avait déjà été mentionné dans le *Tableau des mœurs du Xe siècle,* dont nous allons parler. Le tableau de la réunion des grands fiefs, qui termine cet

---

ventre de biche et 4 jaunes. Il n'en indique que 80 dans la liste des ouvrages qui suit la notice sur le *Tombeau de Virgile.*

opuscule, a été reproduit par l'auteur dans ses *Amu-sements philologiques*. Nous y avons remarqué quel-ques omissions sous les règnes de Lothaire, de Henri Ier, de Philippe Ier, de Louis VI, de Char-les IV et de Charles VI. Il est facile de combler ces lacunes, en se reportant à l'*Abrégé chronologique des grands fiefs*.

Une étude qui présente quelque analogie avec les précédentes, est le *Tableau de mœurs au Xe siècle, ou la cour et les lois de Hoel-le-Bon, roi d'Aberfraw, de 907 à 948*..... Des notes biographiques sur Hoel, quelques extraits de lois publiées par Guillaume Wolton et William Robert, forment la première partie de cet opuscule. De même que dans la *Notice sur les mœurs de la Bourgogne*, G. Peignot s'est plutôt attaché à la partie de cette législation qui concerne les coutumes singulières et la vie privée, qu'aux grands côtés historiques. Nous avons déjà dit quelques mots des chapitres qui traitent de l'histoire la langue française et de la langue anglaise.

Il faut rapprocher de ces notices les détails qu'il a donnés sur le caractère sanguinaire et le rôle po-litique de Henri VIII, dans la lettre à Amanton, qui parut en 1826, dans le *Journal de la Côte-d'Or*, à l'occasion de la publication de Crapelet. Il y donne des notes sur la suette, sur Thomas Morus, sur les victimes des vengeances du roi. G. Peignot a repro-duit dans *le Livre des Singularités* (p. 250), quelques articles d'un règlement pour le service de la maison de Henri VIII, la lettre d'Anne Boleyn à son amie

Marie (1); la description des repas du couronnement de la reine, le 2 juin 1533 (p. 256). Le même ouvrage renferme également un fragment intitulé : *Quelques documents singuliers empruntés à l'histoire, à la législation et à la littérature chez les Anglais* (p. 237).

Le fragment d'histoire intitulé : *Nouveaux détails historiques sur le siége de Dijon, en 1513*, tiré à un petit nombre d'exemplaires, se recommande par un grand mérite d'exactitude. Les documents que l'auteur a consultés (tels que la Relation de Tabourot, le Panégyrique de La Trémouille et le mémoire de M. de Zurlauben), lui ont permis de rectifier et de compléter les relations inexactes de Varillas et de du Bellay. Cette notice se termine par la description de la tapisserie du musée de Dijon, commémorative du siége de 1513.

Le même mérite d'exactitude appartient à l'opuscule intitulé : *Détails historiques sur le château de Dijon*, imprimé dans les mémoires de l'Académie de Dijon, en 1832. On y trouve un certain nombre de faits relatifs à l'histoire de la ville et de la province ; des indications bibliographiques ; quelques hors-d'œuvre qui font l'objet de notes intéressantes. Le plus important est une notice chronologique sur les

---

(1) Ce document fait partie d'un recueil de lettres singulières, écrites par des papes, des rois et des princes, inséré dans le *Livre des Singularités* (p. 191 à 235).

entrées des rois et reines de France à Dijon, qui reproduit, en le développant, un fragment que l'auteur avait publié d'abord dans le *Guide du voyageur et de l'amateur à Dijon* (1822).

Ses études sur l'histoire locale et les mœurs lui ont donné l'occasion d'annoter les *Lettres sur Dijon* dont M. P. Milsand vient de publier nne nouvelle édition (Aubry, 1863).

La lettre sur l'*Emeute du Lenturelu,* insérée dans *le Livre des Singularités* (1), la note sur le château de Talant (dans la *Liberté de la presse à Dijon*) et la *Liste chronologique des maires de Dijon,* publiée dans l'annuaire de 1842, rentrent dans la même catégorie.

L'un des ouvrages qui ont été composés avec le plus de soin par G. Peignot est le recueil intitulé : *Documents authentiques et détails curieux sur les dépenses de Louis XIV en bâtiments et châteaux royaux...* publié en 1827. L'auteur fut assez heureux pour découvrir trois volumes manuscrits renfermant les dépenses de Louis XIV, de 1664 à 1666. En comparant ces précieux documents avec les notes sur les dépenses de 1664 à 1690, extraites d'un mémoire de Guillaumot, ancien architecte du roi, notre bibliophile fut frappé de la concordance qui existait entre les chiffres donnés

---

(1) P. 425. Elle avait été publiée dans la *Revue rétrospective,* t. II, p. 454.

dans ce mémoire et les états de dépenses rapportés dans le manuscrit. Il en publia la description, il analysa et résuma avec une grande netteté les différents articles de dépenses concernant les nombreux bâtiments où le roi fit travailler, pendant ces trois années, avec son activité habituelle. Il fut amené à en conclure que Louis XIV n'avait pas dépensé, pendant tout son règne, plus de 154 millions, monnaie du temps. Il ajouta à ces détails un peu arides des notes curieuses sur les savants et les littérateurs, et sur les gratifications qui leur furent accordées, sur les mœurs et les usages du temps.

L'exactitude des résultats donnés par Guillaumot et par M. Peignot a été fortement contestée : Lémontey avait eu, en effet, entre les mains le mémoire du commis de Mansart, d'où le travail de Guillaumot a été extrait, et il a composé, à cette occasion, un article qui a été publié dans la *Revue rétrospective* (1). Il est difficile de ne pas se rendre aux observations suivantes : Ce prétendu état général ne comprend que vingt-sept années... il faut nécessairement y ajouter toutes les dépenses faites pendant les vingt et une années antérieures à 1664 et pendant les vingt-cinq années qui ont suivi 1690. L'hôtel des Invalides, dont il n'indique les dépenses

---

(1) T. II, p. 329. On trouve dans cet article le Mémoire où l'architecte Guillaumot avait puisé ses extraits. M. Taschereau, qui dirigeait cette publication, a rendu d'ailleurs pleine justice à la notice de G. Peignot.

qu'à partir de l'année 1679, était construit et habité depuis quatorze ans. Postérieurement à l'année 1690, on trouve celles de la chapelle de Versailles, celles de Marly. On sait que le plomb seul employé au château et pour la conduite des eaux coûta 32 millions; les jardins et les fontaines, d'après Le Nôtre, coûtèrent plus de 200 millions, monnaie du temps. Pendant le ministère de Colbert seul, la dépense en bâtiments s'était élevée à 300 millions... Il faut conclure des ces observations que les documents que l'architecte Guillaumot et M. Peignot ont consultés présentent d'énormes lacunes. La plus grave, c'est que l'on n'y voit figurer que les fonds affectés aux bâtiments, tandis qu'en réalité on faisait de larges emprunts, pour ces dépenses, au département de la guerre, aux caisses des Etats provinciaux, etc.

Un ouvrage considérable, qui rentre dans la catégorie des mélanges historiques, avait été préparé par G. Peignot; il en a donné le plan dans la notice de ses manuscrits, sous le n° xlviii, que nous reproduisons :

« Notice historique et détails sur les mœurs, usages, modes, costumes, lois somptuaires et vie privée des François sous les divers règnes; avec la description de beaucoup de meubles curieux et objets de grand prix qui ont appartenu à des rois, reines, princes, grands hommes, etc. Le tout terminé par un tableau sur deux colonnes, présentant le rapprochement de divers événements qui, passés à de grands intervalles les uns des autres, offrent cependant, sous la même date du jour et du mois, une coïncidence de faits vraiment extraordinaire. »

C'est dans ce cadre qu'il aurait vraisemblablement placé sa notice *Du mois de Juillet considéré comme fatal aux provocateurs de révolution* (1); sur le nombre quatorze, relativement à Henri IV; sur le chiffre titulaire de quelques-uns de nos rois; sur quelques rapprochements historiques (2).

Enfin il avait préparé une notice sur la petite ville d'Arc-en-Barrois, où il était né; elle est annoncée dans la notice de ses manuscrits.

G. Peignot avait un goût particulier pour les biographies, qui, dans un cadre restreint, lui donnaient l'occasion de réunir à la fois des anecdotes et des détails bibliographiques. Le *Voyage de Piron à Beaune,* dont il donna deux éditions, renferme une Vie anecdotique de Piron; le Compliment des dames poissardes; l'Ode sur le prix de l'Arquebuse, remporté à Dijon par les Beaunois (1715); la Lettre de Piron à son ami le conseiller Jehannin sur sa mésaventure (11 septembre 1717), et trois pièces épigrammatiques. La biographie proprement dite n'est qu'un abrégé de la notice de Rigolley de Ju-

---

(1) Voir cet article dans le *Spectateur de Dijon* du 28 juillet 1839.
(2) Voir, sur ces dernières particularités, les *Amusements philologiques,* p. 321, 327, 352.

vigny, dont les traits piquants ont été fidèlement reproduits (1).

C'est pareillement d'après les *Mémoires historiques sur la vie et les écrits* de La Monnoye, donnés par Rigolley de Juvigny, que G. Peignot rédigea sa notice sur le même auteur. Mais il sut donner à son travail une forme originale en classant les ouvrages et les principaux traits de la vie de La Monnoye dans l'ordre chronologique, et en y ajoutant des notes nombreuses. Celles qui ont été renvoyées à la fin de la notice renferment des hors-d'œuvre intéressants, tels que la liste des évêques de Dijon, le taux des charges du Parlement et de la chambre des Compte ; l'indication des maisons de Dijon jadis habitées par quelques personnages de renom (2) ; des notices sur les éditions des *Noëls* et sur celles du *Menagiana ;* la liste des Bourguignons qui ont fait partie de l'Académie française et de celle des inscriptions ; et la description de la statue de Louis XIV,

---

(1) La relation du *Voyage de Piron à Beaune* vient d'être publiée par M. A. Bonhomme, sur un manuscrit de la main de Mme Capron, nièce de Piron, beaucoup plus complet que les textes suivis par G. Peignot. Cette nouvelle édition comprend : la relation datée du 10 septembre 1717 ; des pièces accessoires ; le complément de ce premier voyage, écrit par Piron ; le récit, non terminé, d'un second voyage à Beaune, une notice sur les détracteurs et apologistes des Beaunois.

Ce petit volume est intitulé : *Voyages de Piron à Beaune...* Paris, J. Gay, 1863.

(2) Cette note avait déjà été insérée dans le *Guide du voyageur à Dijon*, de 1822, ainsi que la *Chronologie des anciens rois et ducs de Bourgogne*.

qui était jadis placée au milieu de la place d'Armes de Dijon.

Les *Notices nécrologiques* sur madame d'Andelarre et sur X. Girault sont trop peu développées pour se prêter à l'analyse. Celle qu'il a lue à l'Académie de Dijon en 1836 sur son ami Amanton, est aussi complète que le comportait un éloge académique : elle emprunte une partie de son intérêt à la bibliographie qui la termine. Nous ne mentionnerons non plus que pour mémoire la *Notice sur la Vie et les Ouvrages de Dom Jamin,* placée en tête des trois ouvrages de ce religieux, publiés par les soins de G. Peignot, en 1825 ; la très courte notice sur Buffon qui précède le *Voyage à Montbard,* de Héraut de Séchelles ; les notes sur le peintre Demoustier, mort en 1651, sous ce titre : *Quelques Anecdotes sur un original* (dans le *Bulletin du Bibliophile* de l'année 1836, p. 251); la note *Sur un passage de la vie de Pétrarque* relatif au pape Benoît XII (dans le *Bulletin* de l'année 1839, p. 737). L'auteur de cette vie, qui se trouve en tête du Pétrarque de Bâle, de 1554, imputait au pape d'avoir offert au poète le chapeau de cardinal, en échange des faveurs de sa sœur. C'est pareillement dans le *Bulletin* de l'année 1838, p. 356, que G. Peignot donna une *Notice sur Gilles de Rome,* précepteur de Philippe le Bel, et sur son *Traité du Gouvernement des Princes,* avec la bibliographie manuscrite et imprimée de ses ouvrages. Enfin il publia, dans le *Journal de la Côte-d'Or,* année 1825, une *Lettre sur le centenaire anglais*

Thomas Parr, dont il parle en outre dans une note des *Amusements philologiques*, p. 223.

En tête de l'édition du *Cours de Littérature* de La Harpe, publiée par MM. Frantin et Lagier, en 1820, parurent les Recherches historiques, littéraires et bibliographiques sur la vie et les ouvrages de l'auteur, dont on tira à part cent exemplaires. G. Peignot prit pour guide les notices données par MM. Auger et Petitot, et suivit le plan qu'il avait adopté pour la biographie de La Monnoye. Cette méthode, qui consiste à classer les faits et les publications d'un écrivain année par année, rend la lecture de cette notice moins agréable que ne le serait un récit plus suivi ; mais les recherches y sont plus faciles que dans une notice où les faits seraient présentés dans un ordre plus arbitraire. M. Peignot y a signalé le caractère apocryphe de la fameuse prophétie de Cazotte ; il y révoque en doute l'existence de la lettre à Robespierre dont Garat fait mention dans ses mémoires ; mais il résulte d'une remarque de M. Ravenel, que si ce document ne figure pas dans les pièces justificatives, à la suite du rapport de Courtois, c'est que la lettre dont il s'agit avait été restituée par ce représentant à son auteur. (1)

Il convient d'ajouter à ces opuscules les articles qu'il a publiés dans la *Biographie universelle* de

---

(1) Voir les *Causeries du Lundi*, de M. Sainte-Beuve, t. V, p. 108, et l'opuscule que nous analysons, p. 118.

Michaud et qui, pour la plupart, sont consacrés à
des imprimeurs et des libraires, dont il avait déjà
dit quelques mots dans le *Dictionnnaire raisonné de
Bibliologie.* Telles sont les notices concernant Augereau, Aussurd, Baglioni, les Barbou, Bernard
(Jean-Frédéric), Nicolas Bischop, de Bale, etc.
Toutefois celle de Philippe Pot, qui est signée de
de notre auteur, sort de cette catégorie.

Il a décliné toute participation aux deux derniers
volumes du *Dictionnaire historique et bibliographique portatif des personnages* illustres, célèbres ou
fameux, imprimé chez Philippe, sous le nom de
G. Peignot, soit en 1822, soit en 1832 (1).

Il est d'ailleurs l'auteur de plusieurs articles insérés dans la grande édition du *Dictionnaire universel*
de MM. Chaudon et Delandine, dont le précédent
n'est qu'un abrégé, et de la table littéraire chronologique qui termine cet ouvrage.

La notice *de Pierre Arétin,* imprimée dans la *Revue
de la Côte-d'Or,* t. I, p. 345-352, est moins une biographie qu'une « notice sur sa fortune et sur les
moyens qui la lui ont procurée et sur l'emploi qu'il
en a fait. » Elle contient une récapitulation des gratifications que l'Arétin a obtenues de divers personnages, lesquels, pour se soustraire à ses attaques

---

(1) Voir l'art. 17 du *Catalogue* de M. P. M., la lettre adressée par
M. Peignot au *Journal de la Côte-d'Or,* le 14 avril 1822, et le tome
II du *Manuel du Bibliophile,* p. 403, où l'auteur convient qu'il a ré-
digé le quart de la lettre A.

ou payer les éloges de sa plume, lui faisaient des présents considérables.

Cet article, dit l'auteur dans une note, est tiré d'un ouvrage inédit ayant pour titre : *Chrysopée littéraire* ou *Histoire des récompenses*, sommes, bénéfices et profits que certains auteurs anciens et modernes ont retirés de leurs productions littéraires, soit en les dédiant aux grands, soit en cédant leurs manuscrits aux libraires, avec cette épigraphe, *Multi vocati, pauci vero electi.* » — Ce recueil a été annoncé par G. Peignot dans la notice de ses manuscrits, publiée en 1830, sous le n° xxxv. Il devait avoir beaucoup de rapports avec l'*l'Histoire littéraire des dédicaces*, qu'il avait mentionnée sous le numéro suivant.

L'auteur avait classé parmi ses opuscules de jurisprudence son *Histoire d'Hélène Gillet,* qui parut en 1829. Cette notice anecdotique, qui a fourni à Ch. Nodier, la matière d'une nouvelle publiée dans la *Revue de Paris* (année 1831, p. 18 à 36), est extraite de la relation insérée dans le *Mercure François* (t. XI, p. 526 à 541), et de quelques documents empruntés aux archives de la ville de Dijon et du département.

Depuis lors, deux autres publications ont paru sur le même sujet : 1° Une *Poésie sur le jugement, supplice et rémission d'Hélène Gillet de Bresse,* Gand et Paris, 1857 ;

2° Le *Discours fait au parlement de Dijon* sur la présentation des lettres d'abolition obtenues par

Hélène Gillet, condamnée à mort pour avoir célé sa grossesse et son fruit, inséré dans les *Variétés historiques* de M. Fournier (t. I, n° 4).

A la suite de cet opuscule, on trouve les lettres de grâce accordées par Philippe, duc de Bourgogne, en 1405, à Jean Moreau et quelques documents sur la grâce qu'obtenait le condamné qui, au moment de l'exécution, trouvait une femme qui consentît à l'épouser.

G. Peignot avait classé cette notice dans la série de ce qu'il appelait ses œuvres de jurisprudence, et il le rattachait au livre manuscrit qu'il avait préparé sous ce titre :

« Recherches historiques, judiciaires et même littéraires sur les fonctions relatives à l'exécution des jugements criminels chez toutes les nations, depuis la plus haute antiquité jusqu'à nos jours ; ouvrage rempli d'anecdotes singulières ; suivi d'une dissertation sur l'ancienneté du supplice en usage en France, depuis le 25 avril 1792, avec la preuve qu'il était connu et usité depuis près de quatre cents ans en Allemagne, en Ecosse et en Espagne (1). »

D'après une lettre du 8 février 1829 à son ami Baulmont, l'ouvrage aurait eu un titre plus simple : *Sur le Bourreau*, recherches historiques, éty-

---

(1) *Notice des Manuscrits*, n° XXIX.

mologiques, juridiques et littéraires, par un ancien avocat.

Voici les principaux chapitres puisés dans la table des divisions : Du bourreau chez les anciens (les Asiatiques, les Grecs, les Romains, etc.). — De l'étymologie du mot bourreau. — Des droits du bourreau sur la dépouille du patient. — A défaut du bourreau, qui doit en faire les fonctions. — Des tourmenteurs jurés au moyen âge. — Du costume et de la demeure du bourreau. — Des femmes bourreaux du temps de saint Louis... etc., etc.

Aux opuscules de G. Peignot il convient d'ajouter le résumé qu'il a donné des travaux de l'Académie de Dijon, pendant les années 1825 et 1826, résumé qui a été publié dans le *compte rendu* de 1826-1827. Il y passe en revue deux notices de M. P. de Breuil, sur le xxxi° livre de l'*Histoire de Venise du comte Daru* et sur une préface des œuvres de J. J. Rousseau, un morceau de philosophie de M. le président Riambourg, et les *Annales du moyen âge* de M. Frantin. Il a inséré dans le même volume son *Rapport sur le concours ouvert pour le prix d'éloquence qui devait être décerné en* 1826 , et sur le mémoire couronné dont le sujet était : *Saint Bernard et Bossuet, comparés dans leurs écrits, dans leur caractère et dans leur influence sur leur siècle.*

I V

Religion. — Mélanges. — Facéties. — Archéologie. — Danses des Morts. — Testaments remarquables. — Dissertations singulières.

> . . . . Memor, celer ignoratis
> Assidue in chartis, nec nisi operta legens.
> Exesas tineis, opicas que evolvere chartas
> Major quam promptis cura tibi studiis.
>
> (AUSONE, XXII).

Nous aurions dû peut-être commencer l'analyse des ouvrages historiques de notre auteur, par l'examen des *Recherches historiques sur la personne de Jésus-Christ;* mais ce livre appartient aussi à la série des ouvrages sur la religion et la morale que nous allons passer en revue.

La première partie de ces *Recherches* a pour objet la personne même, c'est-à-dire la figure, la taille, les traits, les habitudes de Jésus-Christ, tels qu'ils ont été décrits par les auteurs les plus accrédités. On y trouve la lettre de Lentulus, les portraits des apôtres saint Pierre et saint Paul, un abrégé de la vie de Mahomet (dans un appendice de la préface), une bibliographie des ouvrages qui ont paru sur la beauté de Jésus-Christ. Les principales divisions sont intitulées : Des différents portraits de Jésus-Christ, que l'on croit avoir été exécutés de son vivant et sur sa propre figure ; De la statue érigée à Jésus-Christ par l'hémorroïsse ; Dissertation sur la beauté de Jésus-Christ, par Dom. Augustin Calmet.

La deuxième partie de l'ouvrage est intitulée :

Recherches historiques sur la personne de la sainte Vierge.

Le troisième partie contient un *Essai analytique sur la généalogie et sur la famille de Jésus-Christ.* L'auteur a exposé avec beaucoup de netteté les systèmes qui ont été adoptés par les divers écrivains qui ont traité ce sujet épineux ; l'érudition, l'histoire, la bibliographie ont été mises par lui tour à tour à contribution, sans confusion et avec une sobriété de détails qui ajoute au mérite des recherches.

Cet ouvrage devait être suivi d'une publication considérable que l'auteur avait sans doute remaniée à plusieurs reprises. Ala fin du volume que nous venons d'examiner, il l'annonçait sous le titre suivant : « *Tableau chronologique* de l'histoire évangélique et apostolique, comprenant, dans un ordre très suivi, tous les événements et les monuments relatifs à la fondation et à l'établissement du christianisme, pendant la durée du premier siècle de l'ère vulgaire... etc.

« Tous les événements, disait-il, sont présentés, année par année, ou plutôt consulat par consulat, et précédés d'une dissertation sur les ères anciennes, mise en rapport avec l'ère vulgaire.... (1) »

_____

(1) Cet ouvrage devait avoir de grands rapports avec les *Recherches historiques sur le cens ou le lustre*, annoncées dans la Notice des Manuscrits, n° x. Voir aussi le n° xviii.

Il annonçait, dans la Notice de ses Manuscrits, une *Dissertation historique sur une correspondance entre saint Paul et Senèque,* accompagnée d'une traduction. « Il n'en existe, écrivait-il en dernier lieu, que des débris, consistant en quatorze lettres, dont huit de Sénèque et six de saint Paul. Elles ont été imprimées, pour la dernière fois, en 1719, dans le *Cod. apocr.,* t. II, p. 892-904. » *Livre des Singularités,* p. 193.

En 1817, il avait publié le *Précis historique et analytique des Pragmatiques,* dont M. Amanton rendit compte dans le *Journal de la Côte-d'Or,* du 10 décembre de la même année. « Ce nouvel ouvrage du savant et infatigable M. Peignot, écrit son ami, ne pourrait paraître plus à propos que dans le moment où les Chambres ont à délibérer sur un projet de loi relative au Concordat passé récemment avec le souverain pontife Pie VII et S. M. Louis XVIII... » L'auteur y a donné l'histoire de la Pragmatique de Charles VII, des Concordats de François Ier et de Léon X ; des conventions de 1801 et de 1813. Il a complété cette notice par un Traité des libertés de l'Eglise gallicane, extrait de Fleury, une chronologie des Conciles et l'état des circonscriptions épiscopales de la France, avant et depuis 1789.

La *Relation des deux Missions de Dijon* (l'une de 1737, l'autre de 1824), écrite et imprimée en une semaine, eut une première édition qui fut rapidement épuisée. La deuxième fut augmentée d'une courte notice sur les missions et d'une bibliographie.

La relation de la mission de 1824 est une chronique
de peu d'intérêt, un opuscule purement édifiant,
qui témoigne des sentiments de piété dont l'auteur
était animé à cette époque.

Nous avons déjà dit quelques mots du *Mémorial
religieux et biblique,* à l'occasion des Notices de
G. Peignot sur les Livres saints. C'est un recueil
d'extraits sur la divinité et la beauté de la religion,
que l'auteur avait transcrits, au jour le jour, sans
indiquer les sources auxquelles il les empruntait. Il
les mit en ordre et il les fit imprimer en 1824.

Dès 1809, il avait publié les *Principes élémentaires
de la Morale,* ou Traité des devoirs de l'homme en
société ; une seconde édition parut en 1833 ; enfin,
la troisième fut publiée en 1838, sous ce titre : *Eléments de Morale.* Ce petit manuel est une sorte de
catéchisme par demandes et par réponses à l'usage
des classes élémentaires. La dernière édition se termine par deux opuscules de Franklin, la *Science du
bonhomme Richard* et le *Sifflet.*

C'est en 1809, pareillement, que parut le *Portrait
du Sage,* tiré à 75 exemplaires seulement, qui, à
ce titre, figure dans la *Notice bibliographique des ouvrages imprimés à petit nombre d'exemplaires* (au
commencement du *Répertoire de Bibliographies spéciales.*) « C'est, dit l'auteur, un recueil des passages
les plus frappants des moralistes pour engager
l'homme à suivre le sentier de la vertu, et pour le
convaincre qu'elle est la source du vrai bonheur. »

Au premier rang des ouvrages qui touchent indirectement à l'histoire de la religion, il faut placer le *Predicatoriana;* dès l'année 1810, G. Peignot avait tracé le plan de ce recueil, qui ne parut cependant que dans le courant de l'année 1841. Dans le *Répertoire de Bibliographies spéciales,* le titre était ainsi indiqué : « *Predicatoriana,* ou choix d'anecdotes sur les prédicateurs, particulièrement sur ceux des XVIᵉ et XVIIᵉ siècles, avec des extraits piquants de leurs sermons originaux, singuliers ou burlesques; et l'indication des meilleures éditions des principaux sermonaires; précédé d'une notice bibliographique des livres en *Ana* (1). » Cet ouvrage se compose d'anecdotes et d'extraits d'anciens sermons, pour la plupart burlesques; les principaux fragments sont empruntés à Barlette, à Menot, dont il donne en partie les sermons sur l'Enfant prodigue et sur la Magdeleine; à Olivier Maillard, à Marini, à Roulin, aux prédicateurs de la Ligue, à Valladier, à P. de Bresse, etc. (2). La seconde partie de cette publication ne se rattache qu'indirectement à la partie anecdotique; l'auteur y a publié le poème de Sanlecque sur les mauvais gestes des prédicateurs : *La Vie de Nostre-Dame, glorieuse vierge Marie; sensuyt la Vie de Judas Scarioth, lequel fut séneschal de Nostre-Seigneur Jésus-Christ,*

---

(1) Voir pareillement la Notice des Manuscrits, nᵒ XLIII.

(2) Il a été rendu compte du *Predicatoriana* dans le *Bulletin du Bibliophile* (année 1841, p. 628), par M. G. Brunet, qui cite plusieurs prédicateurs singuliers omis par G. Peignot.

et le vendit (1); *les Recherches sur l'instrument de pénitence nommé discipline* (qui ont été publiées à part);
une notice sur les saints patrons; enfin, dans un certain nombre d'exemplaires on a ajouté le *Songe du
petit père André,* et le *Panégyrique de sainte Made-
leine,* par le **P. Belon.**

Une grande partie des anecdotes rapportées dans
ce curieux recueil a été empruntée par l'auteur, et à
l'*Art de désopiler la rate,* et à l'*Apologie pour Héro-
dote,* de Henri Estienne, qui y a inséré de nombreux
fragments de sermons de Barlette, de Menot et d'Olivier Maillard. Roquefort avait déjà donné quelques-
unes de ces citations dans l'introduction publiée en
tête de son *Dictionnaire des prédicateurs.*

Plusieurs années auparavant, G. Peignot avait publié, avec un soin tout particulier, l'*Histoire de la
Passion de Jésus-Christ, composée en MCCCCXC, par
le R. P. Olivier Maillard...* (Paris, Crapelet, 1828.)
Le volume est précédé d'une lettre de l'auteur à
M. Crapelet, d'une notice sur Olivier Maillard, d'a-
près M. Labouderie, et renferme des extraits des
sermons du fameux franciscain sur la confession générale et pour la fête de la Pentecôte. Cette publication eut du succès, car, en 1835, l'auteur en donna
une deuxième édition, qui est devenue rare. Elle

_____

(1) Il faut rapprocher de ces citations le chapitre inséré par l'auteur dans *le Livre des Singularités,* sous ce titre : *De quelques ouvrages singuliers relatifs à la vierge Marie,* p. 370.

forme le quatrième volume de la *Collection des anciens monuments de la langue française*, donnée par Crapelet. Nous n'insisterons pas sur le genre d'intérêt que présente l'*Histoire de la Passion*, écrite dans la langue populaire du XVe siècle. C'est une peinture de mœurs, pleine de traits piquants, quelquefois touchants, qui devaient avoir plus de succès que les sermons solennels, hérissés de raisonnements et de citations des docteurs graves du même temps (1).

Il faut rapprocher des dissertations curieuses qui font l'objet des notes, celles qu'il a données dans le *Bulletin du Bibliophile*. Telle est la notice sur *Une singulière Relique*. « La queue de l'âne qui porta le Sauveur, lors de son entrée triomphale à Jérusalem, laquelle queue est conservée dans le trésor du couvent des Dominicains de Gênes. » Elle se trouve mentionnée dans l'*Officium hebdomadæ sanctæ* (Venise, Pierre Turrin, 1636). L'auteur cite, en outre, le *Philologema sacrum de asino Messiæ Christi in*

---

(1) Les notes ne sont pas la partie la moins intéressante de cet opuscule. On y trouve l'épître de Lentulus et celle d'Agbare, déjà publiées dans les *Recherches historiques* sur la personne de Jésus-Christ; des dissertations sur le prétoire de Pilate et la *Scala sancta*; sur le vêtement de Jésus-Christ; sur la femme de Pilate; sur la flagellation et la couronne d'épines; sur la supputation des heures; sur la sentence de Pilate; sur le Calvaire, la croix, les clous, l'inscription INRI; sur le bon et le mauvais larron; sur la robe de Notre-Seigneur, l'éponge, les ténèbres, la lance, le sépulcre, etc. Voir en outre sur la sentence de Pilate et le testament de Jésus-Christ, *le Livre des Singularités*, p. 389 et 393.

urbem Jerosolimam vectore, ex prœlectionibus J. B. Carpsovii excerptum a Johanne Luske (*Bulletin,* année 1838, p. 252-254).

Dans ce volume (p. 306-308), G. Peignot a donné en outre un extrait de la *Légende dorée,* sous ce titre : *Origine du petit Cochon de Saint-Antoine.* La notice se termine par le rondeau de Piron, « De saint Antoine, exemple des ermites... »

Dans le même recueil (année 1839, p. 885-893), il a publié une notice et des extraits du livre intitulé : *Exhortation aux dames vertueuses, en laquelle est démontré le vray poinct d'honneur.*

Notre auteur avait formé le projet de publier un recueil de descriptions singulières, bizarres ou sublimes du Paradis, telles qu'on les trouve dans les ouvrages de divers auteurs, depuis le XIIᵉ siècle. Il en a extrait d'abord, pour le *Bulletin du Bibliophile* (année 1838, p. 255-259), une notice intitulée : *Sottises incroyables des errants touchant la vie de l'autre monde...,* et qu'il a empruntée à l'ouvrage du P. Garasse, sur la *Doctrine curieuse des beaux esprits de ce temps ou prétendus tels.* Il y donne des citations bizarres sur les déjections des bienheureux, suivant Mahomet ; sur les animaux qui doivent entrer au Paradis, suivant Luther...

Enfin, il a inséré, dans le *Livre des Singularités* (p. 405), un chapitre intitulé : *Du Paradis, de ses Merveilles et de ses Joies,* qui termine le volume.

Au nombre des traités qui se rattachent à l'histoire de la religion, nous citerons : *Les Recherches*

*sur l'époque où les premiers Chrétiens, les Romains
et les peuples d'occident ont commencé à adopter la
semaine;* un article très sommaire sur le *Concile de
Mâcon,* tenu en 585 (publié dans *Les deux Bourgognes,* t. I, p. 189-197); un autre article publié dans
la *Revue de la Côte-d'Or* (t. II, p. 379-386), sur le
Synode tenu à Auxerre en 578, une note sur Pâques
de 1818, insérée dans le *Journal de la Côte-d'Or*
(année 1817, 26 novembre).

Le *Bulletin du Bibliophile* renferme en outre :
un article *Sur un Missel curieux* (année 1836, p. 59-
60) : il s'agit du missel des carmes de la bibliothèque de Semur, avec l'indication des frais de
parchemin, de copie, d'enluminure et de reliure
(p. 6-8); une notice d'*Un Livre rare et singulier; il
s'agit du triomphe du Calvaire, ou histoire de la
mort de Jésus-Christ, par P. S. (Paris, 1955), « espèce de poème en prose et en vers par un bourreau; » une *Notice sur quelques Prières manuscrites
de la fin du XVI*e *siècle,* d'après le *Psalterium inte-
meratæ Dei genitricis virginis Mariæ,* conservé dans
le cabinet des estampes de Dijon (année 1839,
p. 588-591). Une lettre de G. Peignot à M. Chassant a été publiée dans le *Bulletin du Bouquiniste,*
au sujet des *Oraysons très dévotes, plaisantes et bien
composées, en l'honneur de la Royne du Paradis*
(année 1858, p. 540).

Nous avons relevé dans le *Journal de la Côte-
d'Or* une note sur le Catéchisme raisonné de M. Aimé (année 1817, 11 janvier).

Enfin, indépendamment de la correspondance de saint Paul et de Sénèque, G. Peignot avait annoncé dans la Notice de ses manuscrits, n° XXI, un *Abrégé chronologique de l'histoire religieuse, littéraire et politique de l'Institut des Jésuites :* « Ouvrage où tous les événements, toutes les pièces, toutes les anecdotes avérées sont rapportées à leur ordre de date avec la plus scrupuleuse et la plus impartiale exactitude.... »

A la suite des Mélanges sur la religion et la philosophie, il convient de parler des Opuscules que l'auteur a désavoués plus tard et qu'il a publiés, moins sans doute par bravade anti-religieuse que pour satisfaire ses goûts de bibliophile et donner aux amateurs une rareté bibliographique. Nous voulons parler de deux pièces tirées à part, puis réunies pour former un recueil factice, sous ce titre : *Lettres facétieuses de Fontenelle, qui n'ont pas été imprimées dans ses œuvres*, Bagdad, MCCCCCCCCIIX.

La première est la *Lettre de Fontenelle au marquis de La Fare sur la résurrection* (en Europe, MDCCCVII).

L'auteur se demandait comment le Créateur trouverait des matériaux suffisants pour rendre à chaque esprit le corps qui l'avait autrefois animé, « pour rendre contemporains tant d'hommes qui n'ont chacun un corps que parce qu'ils semblent avoir pris leur temps et leurs mesures pour se le céder les uns aux autres ? » Dans une *Lettre additionnelle sur le même sujet* (1), signée *Giovano Plaisantino*, noble milanais, membre de l'académie des *Indomiti*, G. Peignot suppose plaisamment que le Créateur empruntera la matière nécessaire aux animaux; par exemple : « La race des singes, des serpents, des caméléons, des loups cerviers, sera merveilleusement employée pour refaire de nouvelles langues, de nouveaux cœurs, de nouvelles mains à messieurs les folliculaires.... »

L'autre pièce est la *Relation de l'isle de Bornéo* (en Europe, MDCCCVII). Elle se compose d'une préface, d'une note sur l'île de Bornéo et de trois lettres. La première lettre, qui est de Fontenelle, renferme une histoire satirique, très abrégée, des luttes du catholicisme et du protestantisme, de Rome et de Genève, sous les noms de *Mero* et *Enègue*. La seconde lettre, écrite dans le même esprit, est de G. Peignot, et parle de la révocation de l'édit de Nantes, de la querelle des Jansénistes et des Molinistes, etc.; elle se termine par quelques mots sur la Révolution et sur la restauration du culte. Une troisième lettre, adressée à l'éditeur et signée *Judæus Apella*, renferme la clef (2).

(1) La *Lettre de Fontenelle* a été réimprimée en 1819, mais sans la *Lettre additionnelle* de notre auteur.

(2) Il faut consulter sur cette publication trois lettres de Ch. Nodier à G. Peignot, et qui ont été insérées dans le *Bulletin du Bibliophile*, année 1859, p. 84. Nodier insiste beaucoup afin d'être instruit des causes de la rareté de cette relation de l'île de Bornéo : « Je sais, dit-il à son ami, que vous n'avouez pas ces innocents *juveni-*

V

Archéologie. — Les danses des morts. — Testaments remarquables, etc. — Dissertations singulières et facétieuses.

> Ipsa varietale tentamus efficere ut alia aliis, quædam fortasse omnibus placeant.
>
> (PLINII SEC. *Epist.* XIV, liv. IV).

Il est difficile de classer les genres traités par M. Peignot avec toute la précision désirable ; il nous eût été possible, assurément, de ranger dans l'archéologie les *Détails historiques sur le Château de Dijon*, la *Selle chevalière* et les Notices sur les antiquités romaines. Mais nous avons préféré les distinguer des dissertations que nous allons examiner, qui rentrent plus spécialement dans le domaine de l'ar chéologie.

Telle est entre autres la *Notice sur quelques pierres tumulaires antiques* et sur une inscription moderne qui se trouvent dans le cimetière de Saulieu (Côte-d'Or). Elle est imprimée dans le *Compte rendu des travaux de l'Académie de Dijon*, année 1829, p. 276, 279. L'auteur faisait partie de la Commission des

---

lia, et mon catalogue vous gardera le secret. » Lettre du 17 novembre 1828. — V. sur la *Relation*, le *Répert. de Bibl. spéc.*, p. 57. Avant de clore ce chapitre, nous mentionnerons parmi les opuscules religieux , le *Supplément au Catéchisme de M. Couturier*; à Dijon, 1823.

antiquités établie dans le sein de l'Académie et lui communiquait, à ce titre, les notes qu'il pouvait recueillir dans ses voyages.

Dans le même genre, nous citerons la *Notice* sur un bas-relief représentant les figures mystérieuses et symboliques dont les quatre Evangélistes sont ordinairement accompagnés, suivie de recherches sur l'origine de ces symboles. Dans cette Notice, qui a été insérée dans les *Mémoires de la Commission des antiquités du département de la Côte-d'Or*, t. I, p. 155, M. Peignot a complété les articles publiés par MM. Petit et Boudot sur un bas-relief du XIIIe siècle, qui provient de l'église Saint-Bénigne.

Il publia, en outre, un certain nombre d'articles archéologiques dans le *Voyage pittoresque en Bourgogne* (Dijon, 1833).

Au premier rang des ouvrages sur l'archéologie se placent les *Recherches historiques sur les Danses des Morts et sur l'origine des Cartes à jouer*, Dijon, 1826. Une première esquisse de cet ouvrage avait fait l'objet d'une lecture à l'Académie de Dijon et avait paru dans le *Compte rendu* de l'année 1825, p. 212-239.

L'ouvrage se divise en cinq parties. La première traite de la Danse des Morts peinte à Bâle, et de la Danse des Morts peinte par Holbein ; la deuxième parle de la Danse macabre ; la troisième de la Danse aux Aveugles ; et des éditions qui en ont été publiées ; la quatrième contient la description des anciens livres d'heures sur les marges desquels on a gravé la Danse des Morts; dans la cinquième, l'auteur a donné la notice de quelques ouvrages, tableaux et gravures isolés qui ont rapport soit à la Danse des Morts, soit à la Mort personnifiée.

L'introduction n'est pas la partie la moins originale du livre : l'auteur y passe en revue les diverses Danses des Morts qu'on a pu signaler dans plusieurs villes de l'Europe.

Ces recherches ont été citées avec éloge par M. Fortoul, dans son *Etude sur les poèmes et sur les images des Danses des Morts*. Il a éclairci un point d'histoire qui avait été mal compris par G. Peignot. Ce dernier avait exprimé l'opinion que la Danse des Morts, dont parle le *Journal de Paris,* sous les règnes de Charles VI et de Charles VII, en 1424 et en 1429, n'avait pas été représentée par des personnages vivants, et que cette chronique a seulement fait allusion à une peinture qui existait sur le mur du Charnier des Innocents. M. Fortoul pense qu'elle fut à la fois l'objet d'une représentation scénique et reproduite par la peinture. On sait, en effet, que les Frères Mineurs firent représenter une Danse des Morts, en 1453, devant un de leurs chapitres provinciaux, par des hommes à qui l'on distribua ensuite quatre mesures de vin (1).

Dans le même volume, G. Peignot a publié une

---

(1) Voir les *Recherches*, p. 83, 84 ; Fortoul, *Etudes d'architecture et d'histoire,* t. I, p. 370 ; Dulaure, *Histoire de Paris,* t. II, p. 552 ; et le *Journal de Paris,* édit. de 1729, p. 103 et 120.

Analyse critique et raisonnée de toutes les recherches publiées jusqu'à ce jour sur l'origine et l'histoire des Cartes à jouer. Cet essai est moins un ouvrage original qu'une revue bibliographique, dans laquelle l'auteur examine les livres et les opinions des écrivains les plus accrédités sur ce sujet.

Le plus populaire des opuscules qui rentrent dans la même catégorie est l'*Illustre Jaquemart de Dijon,* publié sous le pseudonyme de P. Bérigal (1832). Cette notice est précédée de détails intéressants sur les anciennes horloges ; l'auteur y donne l'analyse d'une pièce en patois bourguignon intitulée *Mairiaige de Jaiquemar ;* il a donné ensuite en entier *La Requaite de Jaiquemar et de sai fanne ai Messieu de lai Chambre de ville de Dijon* (1714), par Aimé Piron. Enfin la notice se termine par des extraits de *l'Orloge amoureuse,* dittié du XIVᵉ siècle, par Jehan Froissart. Cet opuscule est l'un des plus agréables de l'auteur et l'un des spécimens les plus complets de sa manière : elle consiste à relever par des hors-d'œuvre piquants les recherches de pure érudition, qui, autrement, ne présenteraient qu'un intérêt médiocre (1).

L'Essai chronologique sur les hivers les plus rigoureux...., suivi de quelques recherches sur les effets

---

(1) Il faut rapprocher de cette notice celle qui a été publiée par M. Boudot, alors archiviste de la Côte-d'Or, dans le tome II des *Mémoires de la Commission des Antiquités* (in-8°), p. 159.

les plus singuliers de la foudre.... se compose de plusieurs parties. Dans un discours préliminaire, l'auteur traite de l'hiver en général, des causes du froid, de la distribution de la chaleur à la surface du globe, dé la formation de la glace. Puis viennent des notices sommaires sur les hivers les plus remarquables depuis l'année 396 avant J.-C. jusqu'en 1820. L'essai se termine par quelques notes sur les hivers les plus doux et par une table des climats d'heures et de mois.

Les recherches sur les effets de la foudre ne remontent pas au-delà de l'année 1676 ; elles devaient avoir une deuxième édition plus complète qui, dans la *Notice* des manuscrits (n° XLIV), porte le titre suivant : *Tonitruana,* ou recueil d'anecdotes sur les effets les plus singuliers de la foudre depuis les temps les plus reculés jusqu'à nos jours....

Le *Choix des Testaments anciens et modernes* se compose de deux volumes qui ont coûté des recherches considérables. « Un testament, dit l'auteur dans son discours préliminaire, pris indistinctement dans les différents siècles, peut, par sa forme, par son style, par ses dispositions, être considéré comme un coup de pinceau produisant un heureux effet de lumière dans le tableau de la civilisation, des mœurs, des usages, et n'est pas moins utile pour juger de l'état de la langue au moment où il a été rédigé...»

Ce recueil comprend plusieurs sortes de documents :

Les testaments réels, depuis Platon jusqu'à nos

jours; — les testaments faux; — les testaments fictifs, dont la série commence au t. II, p. 239. Tels sont ceux de Sergius de Pola, de Grunnius Corocotta Porcellus; — une Notice bibliographique de divers écrits littéraires, satiriques, etc., qui ont paru sous le titre de *Testament;* — une Notice sur les testaments, dits politiques (Richelieu, Mazarin, Colbert, Louvois, etc.); — l'indication des recueils renfermant des testaments; — les épitaphes singulières; — enfin, un supplément, qui forme le quart du deuxième volume, renferme des documents fort remarquables qui n'ont été découverts par l'auteur qu'au moment où l'ouvrage était sous presse.

Aux articles les plus importants ont été ajoutées des notices intéressantes; telles sont les notes historiques qui accompagnent le testament d'Auguste, la relation de la mort de Philippe le Bon, duc de Bourgogne; les notes qui suivent le testament de Napoléon, et notamment celle qui fait mention d'un séjour de Napoléon à Autun, etc....

Dans sa *Dissertation historique et philologique sur un Poisson d'argent et sur un OEuf d'autruche....,* insérée dans la *Revue de la Côte-d'Or,* t. III, p. 115-126, G. Peignot a résumé les renseignements donnés par M. Migneret, auteur d'un Précis de l'histoire de Langres, sur le poisson et l'œuf qui étaient conservés dans le trésor de la cathédrale de Saint-Mammès. Il a dit quelques mots de l'œuf considéré comme symbole religieux, et du poisson employé comme signe de reconnaissance entre les premiers chrétiens. Ces derniers détails sont empruntés à un ouvrage de M. Belloc, sur *la Vierge au Poisson, de Raphaël,* explication nouvelle de ce tableau (Paris, 1833).

G. Peignot a publié dans la même Revue (t. I, p. 427), les *Souvenirs relatifs à saint Paul de Londres, et quelques détails sur la Tour de Londres* : « Ces souvenirs, dit l'auteur, datent de loin, car c'est le samedi 21 mai 1791 que, dans un voyage de pure curiosité sur les bords de la Tamise, nous avons visité en détail ce vaste monument. »

Parmi les dissertations singulières, nous mentionnerons d'abord l'opuscule intitulé : *D'une pugnition divinement envoyée aux hommes et aux femmes pour leur incontinence désordonnée* (en 1493), par Stephen Aliberg, D. M. A Naples et en France, Paris, 1836.

L'auteur y a pris pour épigraphe ces vers du poème de Fracastor :

Qui casus rerum varii, quæ semina morbum
Insuetum, nec longa ulli per singula visum,
Attulerint !...

Le sujet lui-même, qui consistait à rechercher l'origine de la contagion, disparaît au milieu des citations et des analyses bibliographiques qui donnent un intérêt particulier à cet opuscule. Cinq citations, empruntées aux ouvrages suivants, lui ont servi de texte :

Recueil d'aucuns cas merveilleux advenus de nos ans et aux siècles passez (1563) ; — un extrait des

Annales d'Aquitaine, de Jean Bouchet (f° 130);
— un arrêt du parlement de Paris du 6 mars 1497;
— un extrait de Jean le Maire des Belges : *Cupidon
et Atropos;* — les statuts donnés par Jeanne Ire, reine
de Jérusalem, le 8 août 1347.

L'ouvrage se termine par une bibliographie des
livres imprimés sur le même sujet, du XVe au
XVIIe siècle.

Nous avons déjà dit quelques mots des opinions
politiques exprimées, sous une forme burlesque,
dans l'*Histoire morale, civile, politique et littéraire du
Charivari...*, publiée en 1833.

Cet opuscule est l'un des plus originaux et des
plus complets de G. Peignot. Il a commencé par
rappeler les dispositions réglementaires de toutes
sortes qui interdisaient les charivaris (conciles provinciaux, constitutions synodales, arrêts des parle-
ments), ainsi que les conflits qui s'élevaient entre
l'université et la justice séculière à l'occasion des
désordres causés par les étudiants (1).

Le chapitre V, consacré aux charivaris les plus
remarquables, contient la relation de celui du
16 avril 1335, à la suite duquel la ville de Toulouse
perdit momentanément ses privilèges. Vient ensuite
le récit du charivari de 1392, rapporté par Le La-
boureur, et qui occasionna le premier accès de folie

---

(1) G. Peignot fait allusion à ce document dans sa lettre à Baulmont, du 23 décembre 1832.

de Charles VI. Enfin, l'une des citations les plus curieuses est celle du facétieux réquisitoire prononcé
par Etienne Bouchin, procureur du roi de Beaune,
en 1612, à l'occasion d'un second mariage.

Dans le chapitre VII, qui traite des charivaris
donnés depuis l'année 1830, l'auteur n'avait indiqué
que les initiales des hommes politiques qui avaient
reçu ces aubades, mais dans la seconde partie de cet
ouvrage, où se trouve la nomenclature de plus de
quarante charivaris, les noms sont rapportés en
toutes lettres. Cette seconde partie est intitulée :
Complément de l'histoire du Charivari jusqu'à l'an
de grâce 1833, par Eloi-Christophe Bassinet, sous-
maître de l'école primaire de Saint-Flour et aide-
chantre à la cathédrale.

Dans l'opuscule intitulé *les Bourguignons salés*,
publié en 1835, l'auteur a passé en revue les opinions
des divers auteurs qui ont voulu remonter à l'origine
de ce sobriquet ; Pasquier l'attribuait aux Allemands,
qui, se trouvant en butte aux fréquentes agressions
des bourguignons, leur auraient donné cette épi-
thète par allusion aux nombreuses salines qui existent en Franche-Comté. Palissy pensait qu'elle venait de la coutume des bourguignons, qui mettaient
du sel dans la bouche des enfants qu'on baptisait.
La Monnoye y voit un sobriquet injurieux qui rappelait le désastre d'Aigues-Mortes, de 1421. Mais
comme cette expression était usitée dès l'année 1410,
il faut renoncer à cette explication.

Quelques notes complètent cet opuscule; l'une est

relative aux collections réunies dans le musée de Dijon ; l'autre donne la liste des ducs de Bourgogne.

Les Recherches historiques et philologiques sur la Philotésie... imprimées dans les *Mémoires de l'Académie de Dijon*, année 1835, se composent de deux parties : dans la première, le sujet est traité dans ses rapports avec les usages anciens et modernes ; la deuxième est un appendice intitulé : *Des toasts, ou de l'usage de boire à la santé en Angleterre,*

Dans les *Nouvelles recherches sur le dicton populaire : Faire ripaille* (1836), l'auteur a donné une notice sommaire sur le premier duc de Savoie, Amédée VIII, élu pape sous le nom de Félix V, en 1440, et qui, avant cette élection, s'était établi dans le prieuré de Ripaille, près de Thonon, « dont il rendit le séjour fameux par la vie paisible et agréable qu'il y mena, sans négliger surtout les plaisirs de la table. » Après avoir examiné les diverses opinions émises sur l'origine de la locution proverbiale qui fait l'objet de sa dissertation, Peignot conclut par les lignes suivantes : « Le pacifique Amédée termina ses jours à Genève, le 7 janvier 1451, âgé de 69 ans, laissant la réputation d'un bon prince, d'un faible anti-pape, et de digne fondateur du fameux dicton : *Faire ripaille.* »

Au nombre des dissertations archéologiques, il convient de classer la lettre à M. Amanton *sur la Galerie française des femmes célèbres par leurs talents, leur rang ou leur beauté*, lettre qui a été imprimée dans le *Journal de Dijon*, année 1829, n°s 67 et 9.

Nous mentionnerons pareillement les lettres publiées dans le même journal : *sur une Secousse de tremblement de terre ressentie à Dijon* (23 février 1822); *sur les Rois de France du nom de Charles* (28 févr. 1827); *sur la longévité de certains animaux* (19 sept. 1827).

Nous aurions pu classer parmi les essais de l'auteur sur les Antiquités romaines la notice imprimée dans la *Séance publique de l'Académie de Dijon* de 1827 : *Du luxe de Cléopâtre dans les festins avec Jules César, puis avec Marc-Antoine,* ainsi que le *Mémoire* publié dans le même volume *sur différents objets..... dont les Romains faisaient usage pour le service de table.*

La lettre à M. Crapelet, *sur la Vie de Jeanne d'Arc,* aurait dû être mentionnée par nous page 120, à côté du manuscrit de l'auteur sur la même héroïne. Cette lettre a été publiée dans le *Bulletin du Bouquiniste* du 1ᵉʳ janvier 1862. Nous avons aussi omis de mentionner dans ce chapitre III·la notice nécrologique sur M. le baron Perreney de Grosbois, qui a paru dans le *Journal de la Côte-d'Or* du 22 mai 1840.

VI

Bibliographie. — Amusements philologiques. — Livre des singularités.

> A desenor muert à bon droit
> Qui n'aime livre ne ne croit.
> (*Roman du Renart.*)

En esquissant, au commencement de notre essai analytique, le plan des travaux de G. Peignot, nous avons dû dire quelques mots de ses premiers traités de bibliographie. Le *Manuel bibliographique* nous a servi de point de départ pour étudier les ouvrages qui se trouvent en germe dans ce recueil ; nous nous sommes contenté toutefois de restreindre nos recherches aux traités ou aux chapitres que notre auteur à écrits sur la matière des livres proprement dite, nous réservant de parler, dans une dernière partie, des ouvrages de philologie ou dans lesquels il a décrit et analysé des livres rares (1).

Obligé par ses fonctions de bibliothécaire de manier un grand nombre de volumes bons et mauvais, il a gémi plus d'une fois soit sur la licence des publicistes qui s'attaquent à la morale, à la religion ou aux personnes, soit sur l'immense quantité de livres produits par l'imprimerie. Dans le *Dictionnaire des Livres condamnés,* il avait déjà parlé de la répression des écarts des libellistes à Rome (p. xiii); il traita spécialement ce sujet dans son *Essai historique sur la liberté d'écrire chez les anciens et au moyen âge, sur la liberté de la presse depuis le XVe siècle,* etc.

---

(1) Nous avons parlé ci-dessus des opuscules de G. Peignot, relatifs à l'art typographique et aux imprimeries particulières. Il faut rapprocher de ces articles une *Lettre à M. Crapelet* du 1er décembre 1840, sur les imprimeries de Dijon. Elle a paru dans le *Bulletin du Bouquiniste* du 1er janvier 1862. Nous mentionnerons pareillement la *Lettre à M. Chassant* du 10 juin 1841, au sujet des imprimeries clandestines (même Recueil, année 1859, p. 88), et une note sur l'*imprimerie particulière de Goltzius* (dans les *Archives du Bibliophile,* année 1858, p. 119).

L'auteur y touche à tous les sujets : invention et progrès de l'imprimerie; histoire de la Réforme; règlements et surveillance de l'université sur la librairie, les manuscrits et leurs transcriptions; opinions singulières touchant la liberté d'écrire, etc. Mais on lira surtout avec intérêt la notice chronologique des principaux moyens de répression et des actes de l'autorité relatifs à l'imprimerie et à la librairie.

Le jurisconsulte pourra consulter une notice chronologique des dispositions législatives qui ont réglementé la presse depuis l'année 1788 jusqu'à la loi du 8 décembre 1831, sur le cautionnement des journaux. Enfin, on trouve dans ce volume le tableau du nombre des imprimeurs, tel qu'il a été fixé pour chaque ville, conformément aux arrêts du conseil de 1704 et de 1739, et au décret de 1810, avec l'état numérique des imprimeurs et libraires en 1830.

Partisan d'une sage liberté, ennemi de la licence, l'auteur, découragé par les catastrophes politiques auxquelles il avait assisté, termine son livre par ces lignes peu concluantes : « Cette partie de la législation, si belle, si séduisante en théorie, sera toujours, dans la pratique, le plus embarrassante et la plus difficile de l'administration, sous quelque gouvernement que ce soit. »

D'un autre côté, il aimait à calculer approximativement à quel chiffre pourrait s'élever l'énorme quantité de livres produits par la typographie : « Le savant Struve à écrit, dit-il, qu'il serait plus facile

de transporter le mont Atlas que de faire une bibliographie universelle, c'est-à-dire un catalogue de
tous les livres qui existent, et qu'il faudrait au moins
150 volumes in-f° pour ce catalogue; je crois que
300 ne suffiraient pas. » (*Répertoire de bibliographies
spéciales,* p. 111.) Le nombre des ouvrages imprimés
est évalué par lui à plus de 3 millions et demi, et, en
supposant que chacun se compose de 3 volumes et
qu'il ait été tiré à 300 exemplaires, il en résulterait
que le nombre des volumes s'élèverait à plus de
3 milliards 313 millions : « mais les deux tiers au
moins de cette masse énorme ont été détruits; il ne
nous reste donc plus, pour nos menus plaisirs, dans
toutes les bibliothèques publiques et particulières du
monde, que 1 milliard 104 millions 588,000 volumes.... Et si tous ces volumes étaient rangés les
uns à côté des autres, comme dans un rayon de bibliothèque, ils formeraient une ligne de 15 millions
341,500 toises, ou de 7,670 lieues de poste (1). »

Aussi, tout en faisant l'éloge des livres, G. Peignot insistait sur la nécessité de faire un bon choix,
et il rappelait ces mots de Pline : *Multum legere, non
multa,* et ce précepte de Sénèque : *Paucis libris im-
morari et innutriri oportet, si velis aliquid trahere
quod in animo fideliter hœreat.* » Tous les ouvrages

---

(1) *Manuel du Bibliophile,* t. I, p. 2. Dans un article du *Bulletin
du Bibliophile* (1841, p. 574), M. Brunet rappelle que dans la seule
année 1840, en France, et sans compter les journaux, il a été tiré
plus de 115 millions de feuilles.

de notre auteur ont précisément pour objet de guider le lecteur, en lui signalant les bons livres et les bonnes éditions et en lui enseignant les meilleures méthodes de classification.

A cet égard, son expérience lui apprit à se défier des systèmes trop absolus; mais au début, il tomba dans ce défaut en acceptant avec trop d'empressement les divisions de la grande *Encyclopédie,* dont il se contenta de modifier les dispositions dans les sous-divisions. Après avoir ébauché son plan dans le *Manuel bibliographique,* il le fit précéder, dans le *Dictionnaire raisonné de Bibliologie,* au mot *Systèmes bibliographiques,* d'un exposé des diverses méthodes de classification professées par les auteurs français et étrangers, au nombre de plus de vingt. Mais, plus tard, il revint aux saines traditions, telles que les avaient mises en pratique les hommes les plus expérimentés du dernier siècle.

A la fin du *Manuel du Bibliophile,* il ne dit plus rien du système qu'il avait un instant ébauché, et il reconnaît que celui du P. Garnier, remanié par Martin (1), et complété par Debure, doit être suivi de préférence.

Cependant, dans son impatience de faire jouir le

---

(1) Martin avait dressé, depuis l'année 1705 jusqu'en 1761, époque de sa mort, près de 150 catalogues. Dans un article du *Bulletin du Bibliophile,* M. Faucheux a analysé le système du P. Jacob (1645); celui de Garnier (1678); ceux de G. Martin, Debure et Leber (année 1841, p. 565).

lecteur du fruit le plus précieux de ses recherches, G. Peignot n'attendit pas qu'il fût en état de publier le *Répertoire bibliographique universel,* qui devait donner sur chaque matière la nomenclature des principaux livres qui en traitent ; il voulut, tout d'abord, allécher les curieux par une publication capable de flatter leur goût. Dès l'année 1804, il fit imprimer, avec un soin rare à cette époque, son *Essai de Curiosités bibliographiques,* où se trouve la liste des livres dont le prix atteint ou dépasse 1,000 francs. Les articles les plus précieux sont accompagnés de notes intéressantes, où l'auteur s'est complu et qu'il a reproduites avec une prédilection particulière, chaque fois qu'il en a trouvé l'occasion. Dans l'introduction, il ne put s'empêcher de toucher à un grand nombre de sujets qu'il comptait reprendre plus tard avec de nouveaux développements. Il y inséra de nombreux extraits des *Additions à l'histoire de Louis XI,* où Gabriel Naudé a parlé avec discernement du prix des livres et des manuscrits au XVᵉ siècle.

Il compléta ce premier travail dans les *Variétés, Notices et Raretés bibliographiques,* où il donne une liste d'ouvrages imprimés ou manuscrits, au nombre de 80, dont le prix a dépassé 100 louis ou 2,400 francs. Enfin, dans le *Livre des Singularités,* sous le titre de *Variétés bibliographiques,* il a esquissé le plan d'un « petit cabinet d'amateur, composé de dix ouvrages et de dix tableaux seulement, dont le prix coutant n'excède guère la modique somme de 2 millions. »

Dans l'*Essai de Curiosités bibliographiques,* G. Peignot avait en outre dit quelque chose des prix payés aux écrivains de l'antiquité et de la renaissance pour leurs ouvrages. Ce sujet devait former un traité spécial intitulé : « *Chrysopée littéraire,* ou notice historique chronologique des prix auxquels, depuis le XVIIe siècle jusqu'à nos jours, un grand nombre d'auteurs ont cédé leurs manuscrits à des libraires.» (*Notice des Manuscrits,* n° XXXV.)

Les *Curiosités bibliographiques* devaient se composer de quatre autres parties ayant pour objet : les premières éditions des classiques grecs et latins; les livres imprimés à moins de cent exemplaires ; les principaux ouvrages condamnés, supprimés et brûlés par autorité de justice; les grands voyages pittoresques.

Ce n'est qu'en 1822 que notre auteur publia son article sur les éditions *princeps* dans ses *Variétés, Notices et Raretés bibliographiques;* il fait partie du long post-scriptum de la *Lettre à Amanton,* sur la trentième lettre du voyage de Dibbin, p. 57, et se compose de 20 pages seulement. On peut en rapprocher l'article consacré aux premiers *Monuments typographiques,* dans le *Dictionnaire de Bibliologie,* t. III, p. 214.

En 1808, il publiait sa *Bibliographie curieuse* ou notice des livres imprimés à cent exemplaires au plus, suivie d'une notice de quelques ouvrages tirés sur papier de couleur; on trouve en germe dans cette publication celle qu'il donna sous le titre de : *Répertoire de Bibliographies spéciales,* publié en 1810, et où les ouvrages imprimés sur papier de couleur forment une catégorie distincte.

La troisième partie traite des livres dont le texte est gravé, et la quatrième des livres publiés sous le nom d'*Ana* (1), deux catégories qu'il avait omis d'énumérer sous le titre de Curiosités bibliographiques. Mais la notice la plus curieuse et la plus étendue de ce volume est la description des onze volumes de mystères, moralités, sotties et farces choisies, réimprimées par Caron à 100 exemplaires.

De même que les *Variétés*, le *Dictionnaire critique, littéraire et bibliographique des principaux livres condamnés au feu....*, publié en 1806, fait suite aux *Curiosités*. Il avait eu d'abord l'intention d'intituler ce répertoire : *le Bûcher philosophique*. Un ouvrage de cette nature échappe à l'analyse; nous citerons cependant, parmi les articles les plus intéressants, le mot *Bulle,* sous lequel l'auteur a fait l'histoire des luttes des souverains contre les papes, et celle des bulles qui ont été lacérées, brûlées ou supprimées en France par des décisions et arrêts souverains; il y a donné les pièces censurées et il a complété cette notice par l'indication de quelques thèses théologi-

---

(1) G. Peignot avait préparé un travail à part intitulé : *Bibliographie spéciale et raisonnée de tous les ouvrages publiés sous le titre d'Ana.* Manuscrits, nº XLII. Il annonçait, en outre, sous le nº XXXII, une deuxième édition des *Curiosités* qu'il aurait intitulée : *Bibliothèque curieuse,* entièrement composée d'ouvrages tirés à petit nombre, avec des détails analytiques, littéraires, descriptifs et beaucoup d'anecdotes sur ces sortes de raretés.

ques condamnées. L'article *Bayle* renferme une bonne bibliographie des ouvrages de ce savant critique; l'article *Dolet,* plusieurs épigrammes contre les moines; l'article *Darigrand,* une diatribe contre les fermiers-généraux. On trouvera la bibliographie de l'*Index,* au mot *Livres condamnés.* L'article *Rousseau* contient l'histoire des fameux couplets; l'article *Raynaud,* les titres des ouvrages bizarres de quelques théologiens sur la personne de la Vierge et de Jésus-Christ.

L'auteur lui-même a rendu compte, dans le discours préliminaire qui précède son *Essai historique sur la liberté d'écrire,* des circonstances qui ont contribué à rendre rare en France son *Dictionnaire des livres condamnés.* « En 1806, nous avions cédé une partie de l'édition (tirée à 1,000) à M. L. F., libraire à Paris; il trouva à placer sur-le-champ presque tous ces exemplaires dans le royaume de Naples. Vers 1820, le roi de Naples étant rentré dans ses Etats, on s'empressa de prendre les moyens de réprimer la liberté de la presse; nous avons été fort surpris de trouver dans un de nos journaux de France, du 27 juin 1821, l'article suivant :

« M. Peignot va exercer à Naples la fonction de
» censeur, non en personne, mais à l'aide de celui
« de ses ouvrages qui est le meilleur à notre avis,
« son Dictionnaire critique des livres condamnés...
« Le roi des Deux-Siciles, qui a chargé la commis-
« sion d'instruction publique de faire un second
« index des productions qui, à Naples, méritent le

« feu, a ordonné qu'elle prît pour guides l'Index de
« Rome et le Dictionnaire de M. Peignot.

  « Dans le premier, la commission aura une liste
« aussi sèche qu'immense des livres qu'elle pros-
« crira; dans l'autre, au moins, elle pourra lire les
« passages qui ont motivé la condamnation. »

Dans cet ouvrage, l'article Voltaire avait été traité avec un soin particulier ; néanmoins, l'auteur lui
donna de nouveaux développements dans les *Re-*
cherches sur les ouvrages de Voltaire, qu'il publia à
Dijon sous les initiales J. J. E. G..., avocat. M. Amanton en rendit compte dans le *Journal de Dijon,* n° du
12 juillet 1817.

  « M. J. J. E. G..., après avoir passé en revue
« toutes les anciennes éditions du patriarche de Fer-
« ney, entre dans le détail des condamnations que
« la plupart des écrits clandestins de cet auteur si
« fécond ont encourues; il finit par indiquer les meil-
« leurs ouvrages dans lesquels ont été combattus
« ces principes dangereux. Il était naturel, ayant
« signalé le mal, d'indiquer les sources où l'on pou-
« vait puiser de quoi y remédier. »

On peut rapprocher de cet opuscule la *Lettre* pour
justifier l'exactitude de la date d'un arrêt du parlement de Paris, rendu le mardi 1ᵉʳ mars 1551, *contre*
ung certain liuvre maulvais, exposé en vente soubz le
tiltre de : Quatriesme liure de Pantagruel. Cette date
ayant été révoquée en doute par un éditeur, G. Peignot publia la lettre que nous venons de citer dans
le n° du 31 mars 1826 du *Journal de Dijon.*

Afin de compléter les *Curiosités bibliographiques,* il restait à notre auteur à décrire les grands voyages pittoresques ; cette notice, très écourtée dans le *Répertoire bibliographique,* devait sans doute faire partie d'un ouvrage plus considérable annoncé parmi ses manuscrits, sous le n° XLVI : « *Notice chronologique et raisonnée de différents voyages exécutés autour du monde et des découvertes faites jusqu'à ce jour, surtout dans la mer du Sud,* avec l'indication bibliographique de toutes les relations qui ont été publiées sur ce sujet (1). »

Le *Répertoire bibliographique universel,* auquel nous avons souvent renvoyé le lecteur, renferme une série d'articles classés dans l'ordre alphabétique, sous chacun desquels on trouve la liste des principaux ouvrages qui traitent du sujet. Ce cadre était trop vaste, et quelques articles sont incomplets ; néanmoins, un certain nombre présentent de l'intérêt. Tels sont les articles sur l'Histoire littéraire, la Bibliographie, les Catalogues les plus remarquables et les Manuscrits. Ce dernier est intitulé : Notice sur quelques Manuscrits des auteurs anciens, lors de la renaissance des lettres, c'est-à-dire depuis le quinzième siècle. On remarque parmi les notices qui s'y trouvent, celles qui concernent Pétrone et Tite-Live. Au mot *Encyclopédie,* on trouve une bibliographie

---

(1) Voir à cet égard les *Amusements philologiques,* p. 528, au mot Voyages.

de ces sortes d'ouvrages plus complète que celle
qu'il avait donnée dans son *Essai de Curiosités bibliographiques,* p. 41-46 (1).

On lira aussi avec intérêt l'article *Livre,* qui renferme des indications sur la bibliographie, les préfaces, les ornements des livres, leurs titres et les
dédicaces ; sur la bibliomanie et les livres rares. Le
§ 4 est intitulé : De quelques livres sur lesquels on
a fait des dissertations particulières. Ces dissertations avaient pour notre auteur un attrait particulier;
quelques-uns des livres mentionnés dans ce paragraphe ont été décrits par lui à plusieurs reprises.
Ainsi, la *Guirlande de Julie* fait l'objet d'une notice
dans l'*Essai de Curiosités bibliographiques,* p. 62. Il
a parlé avec la même complaisance du Codex Argenteus d'Ulphilas, conservé dans la bibliothèque d'Up-
sal, et du Codex Aureus de la bibliothèque de Stoc-
kolm, écrit sur pourpre et en lettres d'or (v. l'*Essai
de Curiosités bibliographiques,* p. 32, et les *Bibliographies spéciales,* p. 150, 151). L'*Essai* renferme, en
outre, une notice sommaire sur le livre unique intitulé : *Liber passionis D. N. J. C., cum figuris et carac-
teribus ex nulla materia compositis,* dont il a parlé

---

(1) Voir aussi le *Dictionnaire des Livres condamnés,* t. I, p. 103-107,
et le *Dictionnaire raisonné* de Bibliologie, t. II, p. 250-268; t. III,
p. 118-120. G. Peignot avait formé le projet de publier une Notice
historique, littéraire et bibliographique de tous les ouvrages parus
depuis 2,000 ans sous le titre d'Encyclopédie, en quelque langue
que ce soit, ouvrage qui devait avoir de grands rapports avec son
projet de *Lexicographie universelle.*

dans le *Manuel bibliographique,* p. 57, et dans le *Dictionnaire raisonné de Bibliologie,* t. I, p. 397.

Les recherches sur les dédicaces l'avaient amené à composer une « *Histoire littéraire des Dédicaces,* avec une notice raisonnée de toutes les critiques qu'on en a faites et un recueil choisi de celles qui sont les plus singulières et les plus remarquables, soit par le style, soit par la bassesse, soit par la malignité, soit enfin par la bizarrerie, depuis 1511 jusqu'à nos jours... » (*Notice des manuscrits,* n° XXXVI.) A la suite de ces lignes, l'auteur a reproduit une dédicace de Jean Marot à la reine Anne de Bretagne (1512). On peut, en outre, consulter sur ce sujet un article du *Bulletin du Bibliophile* de l'année 1839, p. 583, signé Olivier.

G. **Peignot** a extrait de cet ouvrage son article intitulé : *Histoire des dédicaces d'Erasme, racontée par lui-même,* et publié dans le même recueil, année 1836, p. 11-15. Erasme s'y plaint des personnages qui ne l'ont pas récompensé assez libéralement des éloges qu'il leur a donnés.

Quant aux titres des livres, notre auteur annonçait sur ce sujet un opuscule dont il a extrait un chapitre du *Livre des Singularités : De quelques ouvrages mystiques....* On y trouve : l'Opiate de sobriété, les Pilules spirituelles, les Lunettes, les Baisers spirituels, etc. L'ouvrage, d'après la *Notice des manuscrits,* n° XLI, aurait été intitulé : *Bibliographie amusante,* ou notice raisonnée des ouvrages dont les titres sont singuliers, originaux, plaisants, facétieux, satiriques, ridicules.

Il a consacré, en outre, à la description de plusieurs manuscrits des opuscules plus ou moins considérables que nous allons passer en revue. L'annonce seule d'un trésor de cette espèce lui mettait la plume à la main : c'est ainsi que, dans deux *Lettres à Amanton,* sur deux manuscrits précieux du temps de Charlemagne et publiés dans le *Journal de Dijon,* de l'année 1829, G. Peignot examina si la fameuse Bible apportée à Paris par M. Speyer-Passavant, de Bâle, était le même manuscrit que celui qui fut offert par Alcuin à Charlemagne. La seconde lettre a pour objet la description du manuscrit : l'*Evangéliaire* ou *Heures* de Charlemagne. L'une et l'autre ne présentent qu'un intérêt médiocre.

Le travail le plus sérieux en ce genre est le *Catalogue d'une partie des livres composant la bibliothèque des ducs de Bourgogne au XVe siècle...* Ainsi que l'auteur l'a expliqué dans une lettre préliminaire adressée à M. Amanton, il avait puisé les matériaux de cette publication dans les inventaires des joyaux, vaisselle, etc., délaissés à la mort des ducs et duchesses de Bourgogne de la dernière race. Il y a donné quelques explications sur le goût de ces princes pour les lettres et pour les beaux manuscrits, ainsi que l'histoire sommaire des bibliothèques des ducs Philippe le Hardi, Jean sans Peur, Philippe le Bon et Charles le Téméraire. Puis, dans un postscriptum, il a inséré un court extrait des comptes de dépenses des ducs de Bourgogne, pour achats, enluminures et reliures de livres, de 1373 à 1477. Cette lettre, qui n'a pas moins de 39 pages, est la partie la plus curieuse de cet opuscule, dont le seul défaut est de ne pas avoir plus de développements.

La liste des manuscrits, qui compose le catalogue proprement dit, est accompagnée de notices historiques et littéraires sur les articles les plus intéressants.

Cette publication avait paru d'abord en articles séparés dans le *Journal de Dijon,* des années 1829 et 1830, qu'il réunit en un volume intitulé : *De l'ancienne Bibliothèque des ducs de Bourgogne.* Elle eut assez de succès pour que l'un de ses correspondants de Gand lui offrît, en 1840, d'en donner lui-même une deuxième édition que l'on désirait en Belgique, pour le cas où M. Peignot serait hors d'état de s'en occuper. Notre auteur la publia à Dijon, en 1841, sous le titre que nous avons indiqué d'abord, et y ajouta le catalogue de la bibliothèque des Dominicains de Dijon, rédigé en 1307. Il aurait désiré la compléter par l'inventaire de l'abbaye de Cîteaux, dressé en 1480 et en 1482 ; mais l'étendue de ce document, qui n'a pas moins de 93 pages in-4°, l'arrêta.

Il se donna carrière dans deux autres publications, où il put décrire à loisir un fort beau manuscrit du XVe siècle, appartenant à l'hôpital de Dijon. Il lut à l'Académie une *Notice de XXII grandes Miniatures* de ce manuscrit, et ce travail, accompagné de quel-

ques recherches sur l'usage d'enrichir les livres de
ces sortes d'ornements, fut publié dans les *Mémoires*
de cette société savante pour l'année 1832. La notice
se termine par la description de cinq manuscrits de
l'histoire inédite de l'hôpital de Dijon, de 1204 à
1772, par frère François Calmelet, trente-huitième
et dernier maître-commandeur de la maison de l'ordre hospitalier du Saint-Esprit de Dijon.

L'*Histoire de la fondation des hôpitaux du Saint-
Esprit de Rome et de Dijon,* imprimée (en 1838) dans
le t. Ier des *Mémoires de la commission des Antiquités
du département de la Côte-d'Or,* renferme une description plus complète des miniatures du même manuscrit. Elle est accompagnée de gravures au trait
et de notes, mais on n'y trouve pas les recherches
sur les ornements des manuscrits. Un discours préliminaire renferme une analyse succincte des bulles
des Souverains-Pontifes relatives aux priviléges de
l'établissement; la brochure se termine par des notices sommaires sur les accroissements des deux hôpitaux du Saint-Esprit de Rome et de Dijon depuis
leur origine, et sur chacun des maîtres, recteurs et
commandeurs de l'ordre.

L'ouvrage de Calmelet, auquel G. Peignot avait
emprunté ces documents, renfermait trente-cinq
dessins au lavis, dont notre auteur avait l'intention
de donner une description. Il devait y joindre des
détails sur les mœurs du temps, les portraits et
les épitaphes; sur le tournoi de Marsannay-la-Côte
(1443); sur les costumes des religieux, etc.; mais

l'étendue de cette nouvelle notice ne lui permit pas de la réunir à la précédente... (Voyez les *Mémoires de l'Académie de Dijon*, année 1832, p. 70-77.)

Dans ses *Danses des Morts*, p. 173, il avait dit quelques mots des livres d'Heures chargés de notes de famille, à propos des Heures de la Vierge ayant appartenu à la famille du président Bouhier. Il est encore revenu sur la bibliothèque de cet illustre magistrat dans un article intitulé : *Souvenirs relatifs à quelques Bibliothèques particulières des temps passés.* Cette notice a été publiée dans la *Revue de la Côte-d'Or*, t. I (1836), p. 165-184 ; elle se compose, en outre, de deux articles concernant les livres du Tasse et la bibliothèque de Voltaire à Ferney,

Son goût pour les manuscrits et les livres devait le conduire à traiter des collections d'autographes et d'objets ayant appartenu à des hommes célèbres. Il publia, en 1836, des *Recherches historiques et bibliographiques sur les autographes et l'autographie,* dont il avait tracé le plan dès l'année 1822 dans les *Variétés, Notices et Raretés bibliographiques,* p. 52. Dans ces *Recherches*, il insiste, comme l'a fait depuis M. Feuillet de Conches, sur l'importance des documents originaux émanant des hommes qui appartiennent à l'histoire. Il cite quelquesamateurs d'autographes du dernier siècle ; il donne la liste des publications où l'on trouve des facsimile d'autographes, celle des catalogues de pièces, celle des amateurs ; enfin il indique quelques objets ayant

appartenu à des souverains, depuis la lampe d'Epic-
tète jusqu'au chapeau de Napoléon.

Son attention ne négligeait pas les infiniments
petits : il publia dans le *Bulletin du Bibliophile*
(année 1834-1835, p. 14), une notice intitulée : *De
quelques dates bizarres, singulières et énigmatiques,
qui se rencontrent dans les souscriptions d'anciens
ouvrages et ailleurs.* Il y examine a ce point de vue les
livres suivants : *Grammaticæ methodus rhytmica,* le
Doctrinal du temps présent, le *Livre de Matheolus,*
etc. On peut rapprocher de cet article une note de
M. Delmotte : *De quelques dates fausses qui se rencontrent dans les souscriptions d'ouvrages.* (Même
vol., n° 19.)

La lettre de G. Peignot, *Sur le livre des Prêtres,*
publiée dans le même recueil (année 1838, p. 448-
450), traite de plusieurs dates indiquées en vers
dans quelques livres singuliers, tels que la *Biblia
sacra* latina de 1476. Il publia dans le même recueil
(année 1835, p. 13-15), sous le titre *Anecdotes bibliographiques, chapitre des regrets causés par l'igno-
rance,* une note sur l'ineptie des récollets d'An-
vers, qui, en 1735, laissèrent leurs vieux livres et
leurs manuscrits à leur jardinier, qui les revendit
un ducat le quintal.

Non content de décrire lui-même les livres rares,
il revenait, la plume à la main, sur les ouvrages des
plus fameux bibliophiles consacrés à la description
des belles collections. La moitié de son volume de
Variétés est rempli par la *Lettre sur un ouvrage an-*

glais relatif à la Bibliographie, aux Antiquités, récemment publié à Londres, et sur la traduction partielle qu'on vient d'en faire à Paris. Il s'agit du voyage bibliographique, archéologique et pittoresque, en France et en Allemagne, par Fr. Dibdin (Londres, 1821). Cette lettre, publiée d'abord dans le *Journal de la Côte-d'Or*, année 1821, est suivie d'un post-scriptum dont nous avons déjà parlé, et où se trouve la notice des livres dont le prix à atteint où dépassé cent louis. Le même volume des *Variétés* renferme une seconde lettre à Amanton, sur la neuvième lettre du voyage de Dibdin. Ces fragments sont remplis d'anecdotes sur les libraires, les imprimeurs, les bibliothèques et les bibliothécaires, et de descriptions de livres rares, imprimés ou manuscrits. Dans la deuxième lettre, G. Peignot a donné une note sur le Roxburgh-club et sur la société des bibliophiles français; elle se termine par une bibliographie des ouvrages de M. Dibdin (1).

Nous avons analysé, dans notre chapitre Ier, à peu près toutes les matières qui composent les *Mélanges littéraires, philologiques et bibliographiques*, publiés en 1818, où l'on trouve plusieurs essais sur les

---

(1) Il avait publié, dans le *Journal de la Côte-d'Or* du 6 juillet 1816, une *Lettre sur la Bibliothèque du duc de Roxburgh*. On peut rapprocher ces notes de l'article inséré dans le *Bulletin du Bibliophile* de l'année 1841, sur le Roxburgh-club, sous le titre de *Mélanges bibliographiques*. Un autre voyage de Dibdin, dans le midi de l'Angleterre et en Ecosse, a été analysé dans le même recueil, années 1838, p. 463, et 1839, p. 554.

noms propres, les étymologies, les langues en général et l'écriture.

Nous ne reviendrons pas non plus sur le *Dictionnaire raisonné de Bibliologie*, ni sur le *Manuel du
Bibliophile,* qui parut en 1823, et où il donna de
nouveaux développements au *Traité du choix des
livres,* publié en 1817. Nous avons déjà indiqué les
principaux articles dont se compose le *Manuel :*
bien que l'histoire littéraire, la bibliographie, et
le goût des lecteurs aient fait, depuis le commencement du siècle, de sensibles progrès, on peut encore
consulter avec fruit ce livre consciencieux, qui, dans
un cadre restreint, initie le lecteur aux connaissances littéraires et bibliographiques les plus néces-
saires.

On devait s'attendre à voir figurer dans la *Notice
des Manuscrits* de G. Peignot, publiée par lui en
1830, un certain nombre d'ouvrages de bibliographie. Voici l'indication sommaire de ceux dont nous
n'avons pas encore parlé :

XXII. Bibliographie spéciale relative à l'Inquisi-
tion.

XXIII. Notice spéciale, historique, littéraire et
bibliographique des hommes célèbres, anciens et
modernes, soit dans les lettres, soit hors des lettres,
qui ont laissé des mémoires autographes sur leur
propre vie.

XXVI. Bibliographie analytique et raisonnée des
principaux ouvrages singuliers, facétieux, qui de-

puis le XVIe siècle ont paru pour ou contre les femmes (1).

XXVII. Petit manuel elzévirien à l'usage des amateurs. Cette publication est désignée sous un autre titre dans les *Recherches sur le tombeau de Virgile,* p. 17, où l'auteur annonce une « Bibliographie spéciale des Elzévirs de choix, les plus précieux et les seuls dignes de figurer dans le cabinet d'un véritable amateur. » Il en a extrait quelques-uns des prix auxquels a été poussée l'édition de Virgile de 1676.

XXX. Notices extraites de quelques ouvrages remarquables par leur singularité, leur rareté ou leur bizarrerie ; suivies d'une bibliographie analytique de tout ce qui a été publié sur la magie, la sorcellerie et les procédures auxquelles elles ont donné lieu.

XXXIV. Histoire littéraire de tous les ouvrages à clef. Ce recueil était au moins commencé lorsque, en 1827, G. Peignot donnait un extrait de l'article *Somaise,* auteur du *Dictionnaire des Précieuses, ou Clef de la langue des Ruelles.* On le trouve dans les *Documents authentiques et détails curieux* sur les dépenses de Louis XIV, p. 46, note I. Il avait lui-même composé la clef qui se trouve à la suite de la *Relation de l'isle Bornéo.*

---

(1) Voir notamment sur ce sujet le catalogue de la Bibliothèque du comte de Ch..., n°s 685-703 (Potier, 1863).

XL. Bibliographie pogonologique, ou Histoire, description et analyse de tous les livres qui ont été publiés sur la barbe.

XLV. Bibliographie encomiastique ou notice raisonnée de tous les ouvrages singuliers, facétieux, etc. (1).

XLIX. Recherches bibliographiques sur les auteurs anciens et modernes qui ont consacré leurs veilles à l'apologue.

L. Dissertation sur les théâtres d'éducation, suivie d'une notice bibliographique de tout ce qui a paru dans ce genre depuis le XVIe siècle jusqu'au XIXe, tant en latin qu'en français.

La plupart des ouvrages de G. Peignot sont remplis de citations littéraires et bibliographiques, d'analyses, d'extraits que ses immenses lectures lui permettaient d'accumuler sur une matière quelconque. Il conçut un instant le projet de réunir ces notes sous le titre de *Myriobiblon français,* où l'on eût trouvé, par ordre alphabétique, une bibliographie raisonnée sur toutes sortes de sujets. Cet immense répertoire aurait porté pour épigraphe : *Alius alio plus invenire potest, nemo omnia.*

---

(1) Voir *Répertoire bibliographique,* p. 274. Tels sont : l'*Eloge de la Folie,* les *Louanges de la Folie,* l'*Eloge de l'Enfer,* l'*Eloge de quelque chose... Laus Asini ; Laus Ululæ, Solatium podagricorum,* l'*Eloge philosophique de l'Impertinence* ; l'*Eloge des Perruques* ; l'*Eloge de la Fièvre-Quarte,* l'*Eloge de l'Ivresse,* etc., etc.

Le titre de *Myriobiblon* est celui que Photius a donné à sa Bibliothèque analectique, où il a cité 280 ouvrages de 165 auteurs différents. G. Peignot avait manifesté l'intention d'en donner une traduction dont l'importance avait été signalée, peut-être sous son inspiration, dans la préface du tome 1ᵉʳ du *Bulletin du Biblophile*. Il l'avait d'ailleurs annoncée dans la notice de ses manuscrits, sous le n° XIV.

Cependant, il avait compris de bonne heure la necessité de faire un choix dans ses *analecta,* car il en avait donné les extraits les plus piquants dans ses *Amusements philologiques,* qu'il nous reste à faire connaître.

Il a fait subir plusieurs remaniements à cet ouvrage, la plus populaire de ses nombreuses productions ; il est précédé d'un apologue en vers de sa composition, lequel ne manque ni de grâce ni de piquant ; il se termine par ces deux vers qui pourraient servir d'épigraphe aux œuvres complètes de l'auteur :

> J'ai, par les cent fragments qu'on y trouve assortis,
> Tâché de contenter les divers appétits.

La première partie, intitulée petite poétique curieuse et amusante, renferme, dans un cadre de 200 pages, un recueil heureusement composé de tous les tours de forces poétiques que l'industrie des poètes latins et français a imaginés. Ces *nugæ difficiles* ne sont pas des modèles de bon goût ; mais elles sollicitent la curiosité du lecteur, et plus d'un écolier rebelle aux vers latins, ou peu sensible aux charmes de la saine littérature, à senti s'éveiller son intelligence en lisant ces facéties. L'esprit le moins studieux fait volontiers un effort pour les comprendre; il se rend familier le tour d'un épigramme, et finit par goûter les beautés littéraires moins équivoques.

La seconde partie, intitulée : Variétés en tous genres, renferme plusieurs rapprochements ingénieux sur les emblèmes, sur les nombres, et des notices historiques et statistiques.

La troisième partie, intitulée : Notice de quelques découvertes anciennes et modernes, est un petit répertoire alphabétique rempli de faits et de dates, utile à consulter. L'ouvrage se termine par un essai de classification méthodique et chronologique des écrivains les plus remarquables dans tous les genres.

Les trois éditons des *Amusements philologiques,* qui ont paru en 1808, en 1824 et en 1842, présentent quelques différences : la première est précédée d'une introduction qui ne se trouve pas dans les deux suivantes, et où l'auteur avait donné une notice bibliographique de tous les livres en *ana,* mélanges littéraires et philologiques. Elle a été reproduite en partie dans le *Répertoire de Bibliographies spéciales.*

Il a, en outre, éliminé de la première partie tout ce qui pouvait renfermer des allusions politiques, ou les passages qui, sans être licencieux, n'auraient

pu passer sans inconvénient sous les yeux des
jeunes gens.

Dans les deux dernières éditions, il a supprimé
les chronogrammes sur le traité de Tilsitt et la
bataille d'Austerlitz, ainsi que l'acrostiche sur cette
victoire. On ne trouve plus, dans les vers en con-
trepetterie, la pièce sur Merlin, Bazire et Chabot;
des triolets et un virelai galants ont été supprimés,
de même que la pièce latine, intitulée : *Virginum
in Italia varia virtutum et vitiorum genera,* et le
commencement d'une agréable pièce de vers de
Panard, en écho.

Ces deux éditions ne donnent pas non plus la
pièce farcie en vers léonins qui se trouvait au ré-
fectoire des Jacobins de Beaune, ni l'article Rébus,
ni la description du cheval en vers macaroniques.

Un excès de modestie aura déterminé l'auteur à
supprimer une pièce qui me paraît être de sa composition; elle est intitulée : Alphabet moral à l'usage
des grands enfants, par M.... Je ne vois, en effet,
aucun autre motif de faire disparaître du recueil des
maximes morales dont le tour est assez heureux;

> Garde ta haine au mal et pardonne aux méchants...
> L'ami de la vertu ne craint point d'ennemis...
> Rends à la vérité son culte légitime,
> Sois-en, s'il le fallait, le prêtre et la victime...

On peut signaler quelques autres différences entre
les trois éditions : le *Calvorum encomium* est plus
complet dans la première, mais elle ne contient pas

la citation du *Virgile virai*, non plus que la Mort de Michel Morin, ni le fragment du poème *De choreando bene*, qui se trouvent dans les deux autres.

Il est regrettable que l'auteur ait supprimé, dans la troisième édition, l'extrait du *Journal de l'Empire*, de 1806, contenant une bonne dissertation sur les vers rhopaliques dans l'antiquité, qu'il avait donnée dans les éditions de 1808 et de 1824. En revanche, celle de 1842 renferme des additions aux chapitres des vers léonins et monorimes, ainsi que des vers amphibologiques, corrélatifs, enchaînés et autres qui manquent dans les précédentes. Le chapitre de la *Longévité* y est beaucoup plus développé, et le chapitre Emblèmes tirés des couleurs, y est précédé d'une notice.

G. Peignot a donné les raisons qui l'ont engagé à éliminer des deux dernières éditions les emblèmes tirés des cartes à jouer : il considérait ce chapitre comme trop futile. « On a également fait disparaître, dit-il, le vocabulaire étymologique des différents genres de divination, objet qui n'est pas moins futile que le précédent, quoique certains détails tiennent à l'érudition. Il en a été de même de la nomenclature du chant, ou cri des principaux oiseaux, qu'il n'était guère possible de rendre d'une manière satisfaisante ; car il est certains sons et certains modes d'articulation dont l'image ne peut être rendue par les caractères qui peignent la parole. Le *de Philomela*, pièce de vers qu'on attribue à Ovide, mais qui lui est postérieure, était jointe à l'article précédent ; il a été aussi supprimé. Nous n'avons pas non plus conservé le chapitre de la Prédilection de quelques grands hommes pour certains ouvrages, parce qu'il était très incomplet, et qu'on le trouve, avec de plus grands détails, dans le *Manuel du Bibliophile* (1). »

Il faut cependant convenir que les deux dernières parties ont reçu, dans la troisième édition, des additions plus ou moins importantes, qu'il serait trop long de récapituler, et qui sont marquées, à la table, par des astérisques.

Peignot annonçait, sous le n° XXXI de la notice de ses manuscrits, des *Nouveaux amusements philologiques*, en trois volumes ; mais il fit entrer les matériaux qu'il avait réunis dans le recueil intitulé : *le Livre des singularités*, qui porte cettte épigraphe :

Non juvat assidue libros tractare severos,
Sed libet ad dulces etiam descendere lusus.

Cet ouvrage, qui se compose de douze chapitres et de quelques additions, renferme divers documents qui auraient pu être utilement employés dans les précédents ouvrages de l'auteur. C'est ainsi qu'il y publia diverses curiosités de linguistique, sous le titre de *Onomatographie amusante*. Les singularités numériques complètent ce qu'il avait dit dans ses *Amusements* de quelques nombres et cal-

(1) *Amusements philologiques,* préface de la 2ᵉ édition, p. xiii.

culs bizarres. Quelques lettres et documents singuliers empruntés aux anglais, composent un des chapitres les plus curieux dans la XII° partie. Il réunit les textes et citations bizarres qui n'avaient pu trouver place dans les *Recherches sur la personne de J.-C.* ou dans le *Predicatoriana*. Les autres chapitres traitent : Des occupations de Dieu avant la création; de la Création de l'homme et de la femme, des Rêveries renouvelées des Grecs, de la Gastronomie, etc.

Le plaisir de décrire des livres n'a pas été le seul mobile qui l'ait poussé à publier, à deux reprises, le catalogue de sa bibliothèque. Vers 1808, parut la *Notice des livres composant la bibliothèque de M. G. Peignot, directeur de l'école secondaire communale de Vesoul, bibliothécaire du département et de la ville,* avec cette épigraphe : *Otium sine litteris mors est.* Elle est composée de 945 articles. Nous avons parlé, dans la partie biographique, de la médiocrité de sa position, qui l'avait décidé à publier ce catalogue, avec les prix auxquels il offrait de vendre ses livres aux amateurs. Dans une introduction, il indiquait l'origine des ouvrages qu'il possédait et justifiait les prix élevés auxquels quelques-uns devaient être estimés. Il fit, en 1826, une vente de livres, et le catalogue qu'il publia renferme 1474 numéros.

Deux ventes eurent lieu après son décès, l'une à Paris, sous la direction du libraire Techener, en 1852 ; l'autre à Dijon, dans le courant du mois d'avril 1856. Le catalogue de la première forme un volume in-8° qui contient 4,406 numéros : quelques notes de G. Peignot y ont été conservées. On y trouve les *Lettres facétieuses de Fontenelle*, la *Relation de l'isle de Bornéo* et le *Pot-Pourri de la Création*; mais les *Opuscules poétiques* de notre auteur n'y ont pas été mentionnés. Ce catalogue est précédé d'une courte notice sur G. Peignot, signée J. T.

Le catalogue de la seconde vente parut à Dijon, et renferme 920 numéros.

Il nous reste à mentionner la *Notice des ouvrages de bibliologie, d'histoire, de philologie, d'antiquités et de littérature, tant imprimés que manuscrits*, de G. P******. — Opusculum amicorum gratia tantum amici prelo subjectum. Paris, Crapelet, 1830, — publié par G. Peignot lui-même, et auquel nous avons eu souvent recours.

On a dû remarquer plus d'une fois le tour ingénieux qu'il savait donner aux titres de ses ouvrages : le travail auquel il se livrait avant d'en arrêter la rédaction définitive, dépasse toute idée : il a remanié plus de vingt fois le titre de la *Notice* qu'il publia en 1830 ; les notices et les titres qui accompagnent chaque article sont de véritables chefs-d'œuvre du genre (1).

Indépendamment des manuscrits annoncés dans

------

(1) Tel est, par exemple, le titre de la *Bibliothèque xéniographique*, ou Notice raisonnée des ouvrages qui ont paru sur les Etrennes depuis le XVIe siècle jusqu'en 1828. Elle a été publiée dans les *Archives historiques, statistiques et littéraires du département du Rhône* (Lyon, 1828), t. IX, p. 114-137.

cette notice, G. Peignot en a laissé un certain nombre auxquels il travaillait, pendant les dernières années de sa vie : voici les titres que nous avons relevés : Dissertation sur l'origine et l'usage de la chemise chez les anciens et les modernes (*Singularités*, p. 202, n° I); Des allumettes, leur origine, antiquité et histoire, etc.; Des Baisers d'étiquette. Recherches civiles, politiques et littéraires sur les coups de bâton. Histoire curieuse de tous les nez coupés. Du Diable, etc. (*Singularités*, p. 447, 448).

Il parle dans ses *Acta diurna* des recherches sur les Calendriers, sur le Procès de Ravaillac, la Chronique des machines à vapeur, les Animaux domestiques, l'Histoire des saintes Hosties, la Chronique de Dijon, le Procès du président Giroux, la Sainte-Chapelle, la liste des Bourguignons condamnés par le tribunal révolutionnaire, les Couleurs nationales ; sur les Souverains qui ont péri de mort violente, sur la Bastille, sur la valeur comparée des biens-fonds depuis 1291 jusqu'en 1838, sur les Soufflets mémorables, etc.

Nous savons que ces manuscrits ont été recueillis, et qu'un bibliophile, avantageusement connu du public, en prépare une édition.

LISTE

OUVRAGES DE GABRIEL PEIGNOT

dans l'ordre de leur publication, avec l'indication des prix auxquels ils ont été portés dans quelques catalogues et dans les ventes (1).

1796 (an IV). — Opuscules philosophiques et poétiques du frère Jérôme. Meugnot, 15 fr.; Claudin, 20 fr.; de Soleinne, 20 fr.

1800 (an VIII). — Petite bibliothèque choisie...

1801 (an IX). — Manuel bibliographique, 300 ex. (4 et 6 fr.); Solar, 4 fr. 50.

— Epître au Grand Turc (dans la *Décade philosophique*).

— Opuscules en vers...

— Bagatelles poétiques et dramatiques..., de Soleinne (v. f., tr. dor.), 30 fr.; Solar, 15 et 30 fr.; Meugnot, 6 fr.; Aubry, 1862, 3 fr. 50.

1802-1804. — Dictionnaire raisonné de bibliologie, 3 vol., 750 ex. (18 fr.); Aubry, Dumoulin, Tross, 20 fr.; Potier, 21 fr.; Huet, 25 fr.; Solar, 19 fr.; Aubry (bel ex.), 30 fr.

1804. — Essai de curiosités bibliographiques, 300 ex. (5 et 9 fr.); Tross, Potier, Aubry, 12 fr.; Solar, 11 fr.

1806. — Dictionnaire des livres condamnés, 1000 ex., 3 vol. (10 fr.); Aubry, 20 fr.; Potier, Gouin, 25 fr.; Caen (ex. Monmerqué), 35 fr.; Solar (pap. rose), 30 fr.

Il faut en rapprocher une pièce d'envoi, en patois bourguignon, du 5 décembre 1807.

----

(1) Dans cette table, de même que dans la suivante, nous n'avons pas donné le titre complet de chacune des publications de notre auteur : nous nous sommes borné aux indications les plus essentielles; autrement chacune de ces tables eût formé un véritable ouvrage.

1807. — Petit Dictionnaire des locutions vicieuses, 750 ex.

— Remarques... sur le Dictionnaire de l'Académie française.

— La Création et le Paradis perdu, 60 exemp., Aubry, 20 fr.; Solar, 24 fr.

— Lettre de Fontenelle au marquis de La Fare, 60 ex., réimpr. en 1819, et vendu 7 fr. 50; Nodier.

— Relation de l'isle de Bornéo, 90 ex.
   Ces trois opuscules réunis, vendus 41 fr.; Nodier.

1808. — Amusements philologiques, 750 ex.; Dumoulin, 6 fr. — 2e édition, 1824, 2000 ex. (6 et 7 fr.); Aubry, 5 fr. 50; Tross, 8 fr. — 3e édition, 1842, 300 ex. (6 et 7 fr.); Aubry, 8 fr.; gr. papier, 14 fr.

— Bibliographie curieuse, 100 ex.; Gouin, 10 fr.; Solar (ex. d'auteur), 10 fr. 50.

— Notice des livres composant le cabinet de M. G. P...

— Principes élémentaires de Morale, 750 ex. — 2e édition, 1833. — 3e édition, 1838, sous ce titre : Eléments de Morale; Techener, 75 c.; Dumoulin, 1 fr. 50; Solar, 3 fr. 75; Aubry (belle demi-reliure), 4 fr. 50.

— Le Portrait du Sage, 75 ex.; Guillemot, 9 fr.

— La Muse de l'Histoire, 10 ex.; Solar, 15 fr.

1810. Ambassades des Bartavelles, 50 ex.

— Répertoire de Bibliographies spéciales, 750 ex. (demi-rel., tr. dorée); Solar, 8 fr.; Gouin, 10 fr.; Aubry, 13 fr.; Techener, Claudin, 15 fr.

1812. — Répertoire bibliographique universel, 1000 ex.; Aubry, 8 et 15 fr.; Tross, Dumoulin, Gouin, Solar, 8 fr.

— Essai sur l'Histoire du Parchemin et du Vélin, 250 ex. (2 fr. 50); Aubry, 12 et 18 fr.; Solar, 10 fr.; Claudin, 18 fr.

1813. — Bibliothèque choisie des Classiques latins, 750 ex. (1 fr. 25); Solar, 5 fr. 50; Aubry, Gouin, 3 fr.

— Dictionnaire historique et bibliographique, édition de 1822; Aubry, 10 fr.; Gouin, Meugnot, 12 fr.; Tross, 18 fr.

1814. — Impromptu sur le rétablissement des Bourbons, 1000 ex.

1815. — De la Maison royale de France (ou Précis chronologique de l'Histoire de France), 1500 ex.; Aubry, 7 fr.; Gouin, 10 fr. — Augmenté du Précis chronologique du règne de Louis XVIII, sous ce titre général : Abrégé de l'Histoire de France, 1819.

1815. — Résumé de la Carrière de Napoléon Buonaparte (*Journal de la Côte-d'Or*).

1816. — Précis chronologique du règne de Louis XVIII; Dumoulin, 4 fr.

— Testament de Louis XVI, à 75 ex.; Aubry, 8 fr.; Gouin, 10 fr.
Une deuxième édition a été tirée à 500 exemplaires.

— Testament de Marie-Antoinette, 500 ex.

— Le Nouvelliste des campagnes, Dijon, 2000 ex.; Beauvais, 4000 ex.; 3 à 4 fr.

— Lettre sur la Bibliothèque Roxburgh (*Journal de Dijon*).

1817. — Traité du Choix des Livres, 750 ex. (4 fr.); Aubry, 5 fr., 8 fr. 50; Tross, 9 fr.

— Précis historique et analytique des Pragmatiques, 800 ex. (3 fr. 50); Claudin, 5 fr.; Gouin, 8 fr.; Aubry, 10 fr.

— Compte rendu du Catéchisme de M. Aymé (*Journal de Dijon*).

— Recherches sur les Ouvrages de Voltaire, 1000 ex.; Aubry, 5 fr.

— Des Noms et Surnoms (*Journal de Dijon*).

— Sur Pâques de 1818 (*Ibid.*).

— Lettre à Amanton sur l'Art de vérifier les Dates (*Ibid.*).

— Lettre à Amanton sur l'Etymologie... (*Ibid.*).

1818. — Mélanges littéraires, philologiques et bibliographiques, 154 ex. (6 fr.); Aubry, 9 fr.; Gouin, 10 fr.

— Fragments sur la Somptuosité des Romains (*Académie de Dijon*, Compte rendu).

1819. — Essai historique sur la Lithographie, 250 ex. (1 fr. 50); Meugnot, 12 et 13 fr.; Solar, 9 fr.; Claudin, 10 fr.; Aubry, 15 fr.

1820. — Recherches sur le *Virgile virai* (*Académie de Dijon*, Compte rendu).

— Recherches historiques sur la Vie et les Ouvrages de La Harpe, tiré à part à 100 ex.; Solar, 9 fr.

1821. — Essai chronologique sur les Hivers les plus rigoureux, 800 ex.; Claudin et Delaroque, 8 fr.; Bailleu, 7 fr.; Aubry et Gouin, 10 fr.

— Lettre à Amanton sur le Voyage de Dibdin (*Journal de Dijon*).

1822. — Lettre du 21 février... sur une Secousse de tremblement de terre... (*Journal de Dijon*).

1822. — Lettre au rédacteur du *Journal de la Librairie,* au sujet du Dictionnaire historique... (*Ibid.*).

— Des Comestibles et des Vins de la Grèce .. 50 ex.; Dumoulin, 4 fr.; Aubry, 8 fr.

— Variétés, Notices et Raretés bibliographiques, 300 ex. (4 fr.); Gouin, 8 fr.; Aubry, 10 fr.

— Notice nécrologique sur Mme d'Andelarre.

— Entrées des Rois de France à Dijon (dans le *Guide du Voyageur à Dijon*), Noellat, 1822, p. 360.

— Indication des maisons de Dijon jadis habitées par quelques personnages de renom (*Ibid.*, p. 348).

— Chronologie des anciens Rois et Ducs de Bourgogne (*Ibid.*, p. 364).

— Manuel du Bibliophile, 1000, ex., 2 vol. (12 fr.); Gouin, Laroque, Meugnot, 12 fr.; Tross, Lamarche, 15 fr.; Solar, 13 fr.; papier rose, 22 fr.; id., 25 fr., Potier.

— Supplément à la première édition du Catéchisme de M. Couturier; tiré à petit nombre.

1824. — Relation des deux Missions de Dijon, 1re et 2e édit., 500 ex. (1 fr. 50); Gouin, 2 fr. 50; Solar, 9 fr.; Aubry, 1 fr. 75 et 4 fr.; gr. papier, 6 fr. 50.

— Mémorial religieux et biblique, 2 fr. 50; Aubry, 3 fr. 50; Techener, 2 fr. 50; Solar, 4 fr. 50; Meugnot (avec notes manuscrites), 8 fr.

— Lettre à M. C. N. A*** sur les Poètes français... (*Journal de Dijon*), et tiré à 50 ex.

— Notice nécrologique sur D. X. Girault (*Académie de Dijon,* Compte rendu).

— Lettre sur un arrêt du Parlement de Paris... (*Journal de Dijon*).

1825. — Notice sur la Vie et les Ouvrages de Dom Jamin.

— Lettre sur le Centenaire anglais Thomas Parr (*Journal de Dijon*).

— Recherches sur les Danses des Morts (*Académie de Dijon,* Compte rendu).

1826. — Recherches historiques sur les Danses des Morts, 300 ex. (9 et 12 fr.); Techener, Aubry, Gouin, 22 fr.; Solar, tr. dor.; 25 fr.

— Liste des Bourguignons à l'Académie française (*Journal de Dijon*).

1826. — Lettre à Amanton sur les Lettres de Henri VIII (*Journal de Dijon*), tiré à 15 ex., puis réimprimé à Paris à 50 ex.

— Notice de quelques livres provenant de la bibliothèque de ⌉
M. (G. Peignot). ⌋

— Notice sur l'Imprimeur Robert Ballard (*Journal de Dijon*).

1827. — Documents authentiques sur les dépenses de Louis XIV, 275 ex. (4 fr. 50 et 8 fr.); Solar, 7 fr. 50; Claudin, 10 fr.; Gouin, 8 fr.

— Essai chronologique... sur les Mœurs dans la Bourgogne; 100 ex.; Aubry, 6 fr. 50.

— Rapport sur le Concours académique de 1827 (*Académie de Dijon*, Compte rendu).

— Du luxe de Cléopâtre dans les Festins (*ibid.*), 75 ex.; Solar, 17 fr.; Aubry, 3 fr. 50 et 10 fr.

— Mémoire sur différents objets... dont les Romains faisaient usage pendant le repas (*ibid.*).

— Notice sur deux écrits de M. Patris de Breuil (*ibid.*).

— Notice sur... les Annales du moyen âge (*ibid.*).

— Lettre plaisante sur la Longévité de certains animaux (*Journal de Dijon*).

— Lettre sur les Rois de France qui ont porté le nom de Charles... (*ibid.*).

1828. — Histoire de la Passion de J.-C., 200 ex. (10 fr. 50); Gouin, 10 fr. — 2ᵉ édition, 1835; Solar, 8 fr.; Aubry, 8 fr. 50; Claudin, 10 fr. 50.

— Lettre à Crapelet au sujet de cette publication; Gouin, 1 fr. 50.

— Notice sur Buffon (dans le Voyage à Montbard).

— Petite Bibliothèque xéniographique (*Archives historiques, statistiques et littéraires du département du Rhône*, t. IX).

1829. — Recherches historiques sur la personne de Jésus-Christ, 1,000 ex. (4 fr. 50); Lamarche, Laroque, Gouin, 6 fr.; Dumoulin, Aubry, 8, 15 fr.; Solar, 12 fr. — Une 2ᵉ édition a paru en 1835.

— Choix de Testaments anciens et modernes, 2 vol., 1,000 ex. (9 et 12 fr.); Aubry, Gouin, 12 fr.; Lamarche, 15 fr.; Tross, 18 fr.; Solar (tr. dor.), 12 fr. 50.

— Histoire d'Hélène Gillet, 500 ex.; Aubry, 5 et 6 fr.; Gouin, Bailleu, Lamarche, 4 fr.; Solar, 4 fr. 25; Techener (papier bleu), 8 fr.

1829. — Lettre sur une nouvelle édition des œuvres de Ducerceau, 75 ex.; extrait du *Journal de Dijon*.

— Lettre à Amanton sur un nouvel ouvrage relatif aux costumes des femmes... 75 ex. (*Journal de Dijon*); Solar, 9 fr.

— Lettres (deux) à M. Amanton sur deux Manuscrits précieux du temps de Charlemagne, 100 ex. (*Journal de Dijon*); Solar, 10 fr. 50; Aubry, 8 fr.

— Notice sur quelques pierres tumulaires antiques (*Académie de Dijon*, Compte rendu).

— Analyse du roman intitulé : Le Comte de Charny (*Journal de Dijon*).

1830. — Précis historique de la maison d'Orléans (5 fr.) ; Aubry, 6 fr. 50 et 9 fr.; Solar, 12 fr.

— De l'ancienne Bibliothèque des Ducs de Bourgogne (1re édition), 93 ex. (4 fr.). — 2e édition, 1841; Aubry, 6 et 7 fr. 50 ; Solar, 5 fr., Claudin, 3 et 6 fr.; Tross, 4 et 6 fr.; Gouin, 8 fr.

— Recherches sur la Semaine (*Académie de Dijon* de 1829), 100 ex.; Dumoulin, 3 fr. 50; Aubry, 5 fr.

— Notice des ouvrages tant imprimés que manuscrits de Gabriel P..... (2 fr. 25); Solar, 4 fr. 50; Claudin, 10 fr.; Aubry, 6 fr.

1831. — Voyage de Piron à Beaune ; Aubry, 6 fr.; Gouin, 10 fr. — 2e édition, 1841 (1 à 2 fr.).

— Virgile virai en Bourguignon, 244 ex. (5 fr.); Lamarche, 8 à 10 fr.

1832. — Essai historique sur la Liberté d'écrire (4 fr. 50); Dumoulin, 4 et 5 fr.; Aubry, 6 fr. 50 et 8 fr. 50 ; Gouin, 7 fr.

— Tableau de Mœurs au Xe siècle (collection Crapelet), (12 fr.); Dumoulin, 15 fr.; Potier (demi-rel. niédrée), 20 fr.

— Notice sur XXII grandes Miniatures... (*Mémoires de l'Académie de Dijon*), 100 ex.; Claudin, 6 fr.; Aubry, 8 fr.

— Nouvelles Recherches sur Bernard de La Monnoye, 100 ex. (2 fr.) ; Aubry, Gouin, 8 fr.

— L'illustre Jacquemart de Dijon, 200 ex. (2 fr. 50); Tross, Solar, 7 fr. 50; Aubry, 8 fr. 50 ; Lamarche, 7 fr.

— Détails historiques sur le Château de Dijon, 100 ex. (1 fr. 50); Solar, Meugnot, 3 fr. 50; Lamarche, 7 fr.

— Histoire... du Charivari (5 fr.); Meugnot, 15 fr.; Claudin, 18 fr.; Gouin, 20 fr.; Aubry, demi-rel., 12 fr.

— Géographie statistique et spéciale de la France.

1834. — Essai... sur la Reliure (*Mémoires de l'Académie de Dijon*); 200 ex. (2 fr. 50); Meugniot, Aubry, 7 et 14 fr.; Tross, 9 fr.; Gouin, 10 fr.; Solar, 14 fr. 50 (papier vélin).

— De quelques Dates bizarres... (*Bulletin du Bibliophile*).

1835. — Essai sur l'origine de la Langue française (*Mémoires de l'Académie de Dijon*), 150 ex. (3 fr. 50); Claudin, 5 fr. 50 ; Tross, Gouin, 8 fr.; Aubry, 6 et 8 fr. 50 ; Techener, 10 fr.; Solar, 11 fr.

— Les Bourguignons salés, 150 ex. (1 fr. 50); Solar, 4 fr. 50; Aubry, 5 fr.; Meugnot, Gouin, 6 fr.

— Anecdotes bibliographiques (*Bulletin du Bibliophile*).

1836. — Recherches sur les Autographes et l'Autographie, 180 ex.; Solar, 6 fr.; Gouin, 10 fr.; Claudin, 12 fr.; Meugnot, 12 fr. 50.

— D'une Pugnition divinement envoyée aux hommes... 300 ex.; Solar, 5 fr.; Aubry et Claudin, 6 fr.; Gouin, 8 fr.

— La Selle chevalière (*Revue de la Côte-d'Or*), 179 ex.; Techener, 2 fr.; Lamarche, 3 fr. 50 ; Aubry, Gouin, 5 fr.; Solar, 8 fr. 50.

— Recherches... sur la Philotésie (*Mémoires de l'Académie de Dijon*, 1835), 150 ex. (2 fr.); Aubry, 7 fr.; Claudin, 6 fr.; Solar, 8 fr. 50.

— Nouvelles Recherches sur le dicton populaire : *Faire ripaille*, 200 ex. (75 c.); Claudin et Lamarche, 4 fr.; Aubry, 5 et 7 fr.; Solar, 6 fr. 50.

— De la liberté de la Presse à Dijon (*Revue de la Côte-d'Or*), 150 ex. (75 c.); Lamarche, 3 fr. 50 ; Aubry, 5 fr.; Solar (pap. rose), 8 fr. 50.

— Souvenirs relatifs à quelques Bibliothèques (*Revue de la Côte-d'Or*), 170 ex. (75 c.); Gouin, 4 fr.; Solar, Meugnot, 4 fr. 50; Aubry, 5 fr.

— Souvenirs relatifs à Saint-Paul de Londres (même Revue), 100 ex. (75 c.); Gouin, 4 fr.; Lamarche, 5 fr.; Aubry, 6 fr.; Solar, 9 fr.

— De Pierre Arétin (même Revue), 100 ex. (75 c.); Aubry, 6 fr.; Solar, 7 fr.

— Synode tenu à Auxerre (même Revue).

— Du célèbre concile de Mâcon (*Revue des deux Bourgognes*).

— Articles insérés dans le *Bulletin du Bibliophile*.

— Histoire des Dédicaces d'Erasme; — Sur les Incunables; — Sur un Missel curieux; — Quelques Anecdotes sur un ori-

ginal ; — Nouveau renseignement sur la date de l'introduction de l'imprimerie en Amérique.

1837. — Recherches sur le Luxe des Romains (*Mémoires de l'Académie de Dijon*), 150 ex. (2 fr. 50) ; Solar, Guilleminot, Aubry, 6 fr.; Gouin, 7 fr.

— Nouveaux détails historiques sur le Siége de Dijon, 150 ex.;
Lamarche, 3 fr. 50; Techener, 5 fr.; Aubry, 7 fr.; Potier, 10 fr.

— Notice sur la vie et les ouvrages de M. C.-N. Amanton (*Mémoires de l'Académie de Dijon*, 1836), 80 ex.; Aubry, 3 fr.
50 ; Gouin, 6 fr.

— Dissertation historique et philologique sur un poisson d'argent (*Revue de la Côte-d'Or*).

— Du gouvernement féodal (*Revue des deux Bourgognes*).

— Notice sur l'imprimerie particulière de S. Th. Johnes (*Bulletin du Bibliophile*).

1838. — Histoire de la fondation des Hôpitaux du Saint-Esprit...
(*Mémoires de la Commission des Antiquités de la Côte-d'Or*),
100 ex.; Lamarche, 5 fr.; Aubry, 10 fr.; Dumoulin, 12 fr.;
Gouin, 15 fr.; Solar (gr. pap.), 17 fr.

— Recherches... sur le mot *Pontife* (*Mémoires de l'Académie de
Dijon*), 130 ex. (1 fr.); Aubry, 4 et 5 fr.; Gouin, 5 fr.; Solar, 6 fr.

— Articles insérés dans le *Bulletin du Bibliophile* : Singulière
Relique; — Sottises incroyables des Errants; — Origine du
petit cochon de saint Antoine; — Notice sur Gilles de
Rome; — Sur le Livre des Prêtres; — D'un Livre rare et
singulier.

1839. — Quelques recherches sur d'anciennes traductions de
l'*Oraison Dominicale* (*Mémoires de l'Académie de Dijon*,
1837-1838), 175 ex. (2 fr.); Aubry, Lamarche, 4 fr. 50 ;
Gouin, 5 fr.; Solar, Guillemot, 6 fr.

— Notice sur un bas-relief... (*Mémoires de la Commission des
Antiquités de la Côte-d'Or*), 60 ex.

— Sur un passage de la Vie de Pétrarque (*Bulletin du Bibliophile*).

— Notice et extraits d'un livre intitulé : *Exhortations aux dames
vertueuses* (*ibid*).

— Notice sur quelques prières manuscrites (*ibid.*).

— Du mois de Juillet... (*Spectateur de Dijon*, n° 101).

1840. — Quelques recherches sur le Tombeau de Virgile (*Mémoires de l'Académie de Dijon*, 1839-1840), 175 ex. (1 fr. 50); Dumoulin, 4 fr.; Gouin, 5 fr.; Aubry (pap. vél.), 6 fr. 50; Solar, 8 fr.

— Notice sur quelques poésies bourguignonnes (*Bulletin du Bibliophile*).

— Notice sur Perreney de Grosbois (*Journal de la Côte-d'Or* du 22 mai 1840.

1841. — Le Livre des Singularités (6 et 7 fr.); Gouin, 8 fr.; Solar, 8 fr. 50; Aubry (belle demi-rel.), 11 fr.

— Predicatoriana, 1500 ex. (6 et 7 fr. 50); Aubry, 8, 10 et 11 fr.; Solar (demi-rel. tr. dor.), 10 fr.

— Recherches sur la Discipline, 3,000 ex. (1 fr. 50); Lamarche, Aubry, 3 fr. 50 et 5 fr.; Gouin, 4 fr.; Solar, 7 fr.

— Recherches... sur les Imprimeries particulières (prospectus), Meugnot, 5 fr.

1843. — Liste chronologique des Maires de Dijon... (dans l'*Annuaire de Douiller*), Dumoulin, 2 fr. 50.

1851. — Parchemin, Papier, dans le *Moyen Age et la Renaissance*, tome II.

1857. — Lettres de G. Peignot à son ami Baulmont (5 fr.).

1858. — Lettre à M. Chassant, du 9 mars 1838, au sujet des *Oraysons très dévotes...* (*Bulletin du Bouquiniste*, p. 540).

— Imprimerie particulière de Gotzius vers 1561 (*Archives du Bibliophile*, p. 119).

1859. — Lettre à M. Chassant, du 10 juin 1841, au sujet des Imprimeries clandestines (*Bulletin du Bouquiniste*, p. 88).

— Lettre à M. Marcel, du 16 pluviôse an XIII, au sujet de l'*Oraison Dominicale polyglotte* (*Archives du Bibliophile*, p. 83).

1862. — Lettre à Crapelet, du 6 avril 1840, au sujet de la *Vie de Jeanne d'Arc.*

— Lettre à Crapelet, du 1er décembre 1840, sur les imprimeries de Dijon.

(Insérées dans le *Bulletin du Bouquiniste*, p. 11).

1863. — Correspondance de G. Peignot avec Amanton (*Bulletin du Bibliophile*, 1re livraison).

— Relation d'un Congrès tenu par les Oiseaux de la Haute-Saône (extrait du *Bulletin du Bouquiniste*, n° 151), Paris, Aubry, 25 exempl.

1863. — Lettres sur Dijon. Notes de G. Peignot.

— Opuscules de G. Peignot, extraits de divers journaux, revues, recueils littéraires, etc... avec une introduction par Ph. Milsand, 200 ex.

A ces publications, il convient d'ajouter :

1º Les articles rédigés pour la *Biographie universelle* de Michaud : Augereau, Aussurd, Baglioni, Barbou, etc. Voir les t. II, III, IV, XXIII, XXXV, LXIX (1811, 1819, 1823, 1841).

2º Plusieurs notices insérées dans le *Voyage pittoresque en Bourgogne*, Dijon, 1833, savoir : Notices sur la Chartreuse de Dijon ; sur l'Eglise Notre-Dame ; sur le Château de Dijon ; sur le Palais de Justice, sur le Palais des Etats, sur l'Hôtel des Ambassadeurs, et sur les vestiges de l'ancien Palais des Ducs de Bourgogne.

TABLE ALPHABÉTIQUE

DES

OUVRAGES IMPRIMÉS ET MANUSCRITS DE G. PEIGNOT

ET DES

SUJETS QU'IL A TRAITÉS DANS SES LIVRES (1).

———

(1) Les titres imprimés en lettres capitales sont ceux des ouvrages publiés ; les titres en caractères ordinaires se réfèrent aux divisions de ces ouvrages ou aux matières qui y sont traitées ; les titres précédés d'un astérisque sont ceux des ouvrages en préparation ou manuscrits.

TABLE DES MATIÈRES

FIN DE LA TABLE DES MATIÈRES.

Dijon, imprimerie J.-E. Rabutôt.

www.ingramcontent.com/pod-product-compliance
Lightning Source LLC
Chambersburg PA
CBHW061019280326
41935CB00009B/1025